经湖北省教材委员会专家委员会2023年审定通过

屈风楚韵在原乡
(三)

鲁劲松　蒋葵林　主编

北京师范大学出版集团
BEIJING NORMAL UNIVERSITY PUBLISHING GROUP
北京师范大学出版社

图书在版编目（CIP）数据

屈风楚韵在原乡. 三 / 鲁劲松，蒋葵林主编.—北京：
北京师范大学出版社，2023.2（2024.1重印）
ISBN 978-7-303-28926-4

Ⅰ．①屈… Ⅱ．①鲁… ②蒋… Ⅲ．①德育－中小学
－教学参考资料 Ⅳ．①G633

中国国家版本馆CIP数据核字（2023）第005594号

出版发行：北京师范大学出版社 www.bnupg.com
　　　　　北京市西城区新街口外大街12-3号
　　　　　邮政编码：100088
印　　刷：武汉市新华印刷有限责任公司
经　　销：湖北省新华书店
开　　本：787 mm×1092 mm　1/16
印　　张：7.5
字　　数：190千字
版　　次：2023年2月第1版
印　　次：2024年1月第2次印刷
定　　价：20.00元

策划编辑：姜　涛　　　　　责任编辑：张洪玲　光明明
美术编辑：姚昕彤　　　　　装帧设计：汉风唐韵
责任校对：段立超　陈　民　责任印制：李汝星

编委会

前言

　　雄黄煮酒艾草香，一曲招魂诉离殇。龙船飞渡奋桨急，屈乡三次过端阳。熟悉的场景，熟悉的曲调，熟悉的故事。早在1953年，伟大的爱国诗人屈原成为世界和平理事会当年决定纪念的世界四位文化名人之一，屈原的出生地秭归也因此闻名世界。

　　从乐平里出发，屈原走遍了楚国大地，以一己之力传布着变法图存的"美政理想"，传唱着一首首峨冠博带仗剑远行的不朽诗篇，在丹阳大地上深深烙刻上了他的精神印迹，影响了一代又一代的楚江儿女，形成了具有鲜明精神内核和独特地域色调的屈原文化。

　　屈原文化是带有地标性质的。作为中国古典浪漫主义文学的策源地，作为具有世界声誉的屈风楚韵的诞生地，作为《离骚》《九歌》《九章》《天问》等彪炳史册的伟大辞赋的肇端地，湖北理应为大力弘扬屈原文化鼓与呼。湖北省委、省政府带着强烈的责任感和使命意识，把传承发展屈原文化作为全省品牌战略来抓，认真梳理历史文脉，以屈原文化的突破性发展辐射带动昭君文化、巴楚文化、长江文化、嫘祖文化、三国文化等文化形态百花齐放，全面擦亮湖北文化品牌，构筑荆楚精神高地。近年来，在秭归屈原祠举办的端午祭祀大典、海峡两岸端午诗会、中国长江三峡国际龙舟拉力赛等具有持续性广泛影响的活动，已成为宜昌节庆的重要内容。2009年，以秭归"屈原故里端午习俗"为重要内容的"端午节"被联合国教科文组织列入人类非物质文化遗产代表作名录，更让屈原文化再次赢得世界各国的瞩目。

文化的力量总是润物细无声地融入经济力量、政治力量、社会力量之中，成为经济发展的"助推器"、政治文明的"导航灯"、社会和谐的"黏合剂"。处在新的历史关口，湖北省委赋予屈原故里秭归所在地宜昌建设长江大保护典范城市、探索建设三峡地区绿色低碳发展示范区、引领推动宜荆荆都市圈一体化发展的重大使命。这都要求我们以习近平新时代中国特色社会主义思想为指导，坚定文化自信，把握文化内涵，更好地担起推进文化传承和创新发展的使命，进一步彰显文化的信仰之美、崇高之美，为人民群众提供更加便利的文化生活条件、更加优质的精神文化食粮，不断培育高质量发展的精神力量之源。

挖掘传承屈原文化，要坚持以社会主义核心价值观为引领，秉持客观、科学、礼敬的态度，阐释好屈原深固难徙的爱国情怀、哀民多艰的民本思想、上下求索的实干精神、洁身自好的清白节操，在屈原文化教育普及、保护传承、创新发展、传播交流以及文化产品创作等方面注入更多本地元素，围绕立德树人根本任务，把优秀传统文化融入教育的各环节和各领域，使优秀传统文化与当代文化相适应、与现代社会相协调，让屈原成为以屈原故里宜昌为核心的永恒的文化地标，把湖北打造成屈原文化的权威阐释地、标准制定地、活动聚集推广地。要用大众特别是年轻人喜闻乐见的方式，多用自带流量的现代话语体系来传播，努力让屈原文化更有亲和力、感染力和吸引力。

文化资源是战略性资源，能创造出巨大的经济价值和社会价值。这次组织研究屈原文化的专家学者、大中小学一线教师编辑这套"屈原文化学生读本"，从生平回放、故事汇、作品精读、实践活动、研究性学习、资料链接等几大板块对屈原及屈原文化进行了全面挖掘、梳理和介绍，全力推出一套既有学术研究价值和历史底蕴、又符合学生年龄特点和欣赏兴趣的地方读本，为各学校"屈原文化进校园、进教材、进课程、进课堂"的具体实施提供可以操作和运用的情境材料。同时，读本也将面向社会发行，努力让屈原文化的种子遍植楚江之畔，浸润到荆楚大地的一砖一瓦、一草一木之中，镌刻在国人的心灵深处，成为构建中国话语体系、传播中国核心价值观的重要载体。

　　毛泽东主席曾为纪念屈原创作诗歌，习近平总书记也曾多次在不同场合引用屈原诗句，这些都为屈原文化注入了新的时代元素，更对我们传播屈原文化、打造地方品牌指明了方向。我们唯有为不断深入开掘屈原文化的金山宝库而踔厉奋发，讲好城市文化旅游产业发展的中国故事，让屈原文化的复兴始于宜昌、兴盛全国、享誉世界，才能无愧于"屈风楚韵之原乡"的赫赫声名。

《屈风楚韵在原乡》编写组

3

目录

第四单元　惊采绝艳的文学遗产

第一单元

意气风发的追梦岁月

"天降高阳裔，尚美自弱冠。欲济平生志，历劫心如磐。邦难长掩涕，日远怆江关。行吟九畹畔，华章万古传。"

这首诗，既是屈原生平的浓缩，更是对屈原精神的礼赞。从出生于贵族之家，到青年时代意气风发、修德明志，到壮年变法图强、追求美政，再到暮年忧国伤时、以身殉国，伟大的爱国诗人屈原一路求索，一路行吟，早已成为高悬于历史天空的璀璨星辰和挺立于中华大地的民族脊梁。

本单元学习主题是"意气风发的追梦岁月"，学习时，可灵活采用不同的学习方式。例如，屈原生平经历，由文本到课外，可适当拓展延伸，旁稽博采，以期更好地知人论世；屈原故事，可复述，可表演，使学生于耳熟能详中增强趣味性；屈原作品，可声情并茂地朗读，反复涵泳，披文入情，鉴赏表达技巧，领略艺术特色。

第一课
初识屈子　相约故里

❀ 生平回放

后皇嘉树，生南国兮

屈原，湖北宜昌秭归人，芈（mǐ）姓屈氏（与楚王同姓不同氏，楚王为芈姓熊氏，先秦时期男子称氏不称姓，所以他叫屈原，不叫芈原），是楚武王熊通之子屈瑕的后代。

因此司马迁在《史记·屈原贾生列传》中记载屈原是"楚之同姓"，认为屈氏家族是与楚王同姓的王室贵族。熊、屈二氏都是古帝高阳氏的后裔。高阳氏传到他的第五代孙陆终，陆终有六个儿子，第六个儿子名叫季连。据《史记·楚世家》，"季连，芈姓"，熊、屈二氏都是季连的后代。

那熊氏是怎么从芈姓中分化出来的呢？相传季连的后裔鬻（yù）熊，辅佐周文王有功，却过早去世。鬻熊的儿子丽，将他父亲的名字里的"熊"字冠以名前，称"熊丽"。于是，历代楚君用此"熊"字为氏。屈氏家族的始祖屈瑕，是楚武王熊通的儿子，被楚武王封于屈地，因以屈为氏。

严格地说，熊、屈都不是姓，而是氏。古代姓和氏有一定的区别：姓是有血缘关系的整个部族的共同称号，氏只是某个支系的称号。熊以人名为氏，屈以地名为氏。熊氏是芈姓的分支，屈氏又是熊氏的分支，他们共同的祖先姓芈，所以说屈原和楚国国君同姓。

屈原名平，原是他的字。但屈原在《离骚》中说："皇览揆（kuí）余初度兮，肇锡余以嘉名。名余曰正则兮，字余曰灵均。"这四句是说，父亲给我起了个好名字，名"正则"，字"灵均"。

3

屈原的名、字究竟有何关联？东汉王逸在《楚辞章句》中解释屈原的名字时说："正，平也；则，法也。""灵，神也；均，调也。言正平可法则者，莫过于天；养物均调者，莫神于地。"所以名"平以法天"，字"原以法地"。"平"是公平、公正的意思，平正就是天的象征；"原"是又高又平的地形，就是地的象征。

"正则"和"灵均"是《离骚》中抒情主人公的名和字，不能完全等同于屈原的名和字。但《离骚》具有明显的自传色彩，所以宋代洪兴祖《楚辞补注》解释说："正则以释名平之义，灵均以释字原之义。"也就是说，《离骚》中的"正则"和"灵均"与屈原的名字"平""原"具有对应的意义。

屈原蕴含先辈美好希冀的名字，也与他高洁的人格珠联璧合。他出身贵族，家国同运，其自身浮沉和国家命运休戚相关。浓烈的家国情怀几乎与生俱来，对楚国经历的屈辱感同身受，因而成年后时时处处为君分忧，为国尽忠。

屈原生卒年未见正史记载，史学界尚有争论。目前，生于约公元前340年，卒于公元前278年，是被人们普遍接受的一种说法。关于出生年月日，屈原在《离骚》中自述"摄提贞于孟陬（zōu）兮，惟庚寅吾以降"。这一天恰逢寅年寅月寅日。古人认为"三寅"汇聚是吉时良辰，如此"宁馨儿"，也将为屈氏家族带来美好的希望。因此屈原在《离骚》中称"纷吾既有此内美兮，又重之以修能"，即上天给予他美好的禀赋，自己更应具有庄严的使命感和责任感，不断加强自己的修养，以砥砺品性，涵养美德。

🔴 故事汇

以橘明志荫后人 [①]

相传，屈原诞生那天，他的母亲做了一个梦，梦见天上的仙女送来一个大柑橘。屈母用手一接，那柑橘突然变成了一棵橘树，树上挂满了又大又圆的橘子。梦到此时，屈母顿觉腹痛发作，小屈原降生了。乡亲们闻讯赶来祝贺，看见屈家门前新长出一棵橘树，大伙儿围着橘树又唱又跳，热闹了三天

[①]本文系民间传说故事，具有虚构性质。

三夜。

转眼几年过去，屈原上学读书了。他聪明过人，品学兼优，除了勤读经文外，他还特别爱橘，每天放学回家，不是给橘树松土施肥，就是给它整枝修叶。

说来也怪，村里的人生了大小病，用橘树叶子熬水喝就好了，吃了树上的柑橘可以根除。屈原还用橘籽培育了一批批橘苗，赠送给乡邻栽种，使峡江两岸长满了橘树。

橘树越长越高，屈原也长大成人。族人见他才华出众，便让他赴郢都应仕。临走前，屈原还在苗圃拔了一百株橘苗，随船运到郢都。

屈原来到郢都后，不久被楚怀王封为三闾（lú）大夫。在处理国家大事之余，他还在后院培育从故里带来的橘苗。

不几年，橘树成林挂果，长势喜人。屈原请来各方朋友一同赏橘，并作《橘颂》一首。这首朗朗上口的《橘颂》流传至今，成为屈原"受命不迁，深固难徙"的精神写照。

直到今天，宜昌市秭归县的柑橘仍是八方闻名的上品，而且四季品种交替，秋有"九月红"，冬有"纽荷尔"，春有"伦晚"，夏有"蜜奈"，前后相续，滋味互补。秭归的老百姓也因柑橘脱贫致富，都感念屈原老祖留下的福祉。屈乡的孩子们更是从小开始就以橘明志，立志做屈原那样如"后皇嘉树"一般苏世独立、明艳正直的人。

九畹芝兰诉衷情[①]

西陵峡南岸有条小溪叫九湾溪，有首民歌为证："有心湾里打个转，一双草鞋穿一天，进门两块赤脚板。"说的是溪水蜿蜒，道路曲折。

相传屈原受南后郑袖、上官大夫的陷害，被楚怀王解除了左徒职务，任命他为三闾大夫。屈原终日郁郁不乐，他不是为自己丢官而难过，也不是对这个新的职务不满，而是为楚国的前途命运担心。

姐姐女嬃（xū）见屈原茶不思，饭不想，眉不展，颜不开，劝他去外地走走，回乡看看。屈原早就听说故乡九湾溪的兰花蕙草圣洁高雅，异香扑鼻，

---

①本文系民间传说故事，具有虚构性质。

决定去九湾溪。

阳春三月，屈原告别郢都，带着一众弟子去到九湾溪，见这里风景奇秀，气候宜人，百花争芳斗艳，百鸟婉转争鸣，林木郁郁葱葱，溪水哗哗啦啦，还有西陵峡这道天然屏障，乌烟瘴气、尘世喧嚣都被挡在峡门之外。屈原决定在九湾溪开馆讲学，为楚国培养治国贤才，把希望寄托在下一代。他一边教授屈、景、昭三姓子弟，一边打破惯例招收下层百姓的子弟入学，率众学生在学馆周围种植了九畹（wǎn）芝兰、百亩香蕙，启发学生不仅要学好知识，还要做一个道德情操高尚的人。学馆内外洋溢着一片浓郁的馨香。

楚怀王客死于秦后，楚顷襄王继位，郑袖的儿子子兰做了令尹。子兰听说屈原在九湾溪讲学，就担心屈原在那里会向学生灌输不利于权贵集团的思想，于是，子兰撺掇顷襄王召屈原进宫议事。屈原不知是计，以为他终于等到了重受君王重用的这一天，不觉喜上眉梢。他带上几盆亲手培植的兰花，连夜写了一篇《谏议书》，陈述他的政治主张，希望引起顷襄王的重视，调整楚国的内外政策，重振熊氏江山。谁知一到郢都，跨进楚宫，几盆兰花像被大火烧焦，形同枯草。子兰大怒，说屈原借此发泄不满情绪，诬蔑楚国新政权即将衰败没落。顷襄王读了屈原的《谏议书》，几把撕得粉碎，怒斥屈原"火烧芭芒心不死"，将屈原流放江南。九湾弟子闻讯后援救无策，飘零星散，空遗一所学馆。九畹芝兰、百亩香蕙一夜尽毁，唯有莹洁纯净潺潺流淌的九湾溪，诉说着屈原的报国之志，爱国之情。

为了纪念屈原的芝兰之品，后来，人们便把"九湾溪"改为"九畹溪"。

❖ 作品精读

九章·橘颂

屈 原

《橘颂》是《九章》中的一篇，当是屈原早期的作品。关于《橘颂》的创作时间大约有三种说法：第一种认为是屈原早年所作，第二种认为是屈原被放逐江南后所作，第三种认为是屈原晚年所作。但从作品的内容来看，第一种说法较为妥当。也有学者认为，它是诗人出使齐国时所作，即以南国的橘树作为砥砺志节的榜样，深情地写下了这首咏物名作《橘颂》。

后皇嘉树[1]，橘徕服兮[2]。受命不迁[3]，生南国兮。深固难徙[4]，更壹志兮[5]。绿叶素荣[6]，纷其可喜兮[7]。曾枝剡棘[8]，圆果抟兮[9]。青黄杂糅，文章烂兮[10]。精色内白[11]，类任道兮[12]。纷缊宜修[13]，姱而不丑兮[14]。嗟尔幼志[15]，有以异兮。独立不迁，岂不可喜兮。深固难徙，廓其

---

[1] 后皇：后土与皇天，即地和天。嘉：美好。

[2] 徕：同"来"。服：习惯，适应。

[3] 受命：禀受天地之命，即禀性、天性。迁：移植。

[4] 徙：迁移。

[5] 壹志：志向专一。壹，专一。

[6] 素荣：白花。

[7] 纷：繁茂。

[8] 曾枝：繁枝。曾，同"层"。剡（yǎn）棘：尖利的刺。

[9] 抟（tuán）：同"团"，圆圆的；一说同"圜"（huán），环绕，楚地方言。

[10] 文章：花纹色彩。烂：斑斓，明亮。

[11] 精色：橘皮鲜艳的颜色。

[12] 类任道：犹如君子担当道义。类，类似，犹如。

[13] 纷缊（yūn）宜修：香气浓郁，修饰得体。

[14] 姱（kuā）：美好。

[15] 嗟：赞叹词。幼志：幼年时的志向。

无求兮[1]。苏世独立[2]，横而不流兮[3]。闭心自慎[4]，终不失过兮[5]。秉德无私[6]，参天地兮[7]。愿岁并谢[8]，与长友兮。淑离不淫[9]，梗其有理兮[10]。年岁虽少，可师长兮[11]。行比伯夷[12]，置以为像兮[13]。

学习任务

1. 配乐朗读，并背诵《橘颂》。

2. 查找资料，写一篇文章，配上图片，向朋友推介宜昌市秭归县的柑橘。

离骚（节选1）

屈 原

《离骚》是屈原作品中篇幅最长、最具代表性的诗篇，是我国古代著名的政治抒情诗，是屈原用他的理想、热情、痛苦，乃至整个生命熔铸成的宏伟诗篇。关于诗题"离骚"的意义，司马迁《史记·屈原贾生列传》说："离

---

[1] 廓：胸怀开阔。

[2] 苏世：醒世。

[3] 横而不流：横立水中，不随波逐流。

[4] 闭心：安心。自慎：自我戒惧警惕。

[5] 失过：即"过失"。

[6] 秉德：保持美好的品德。

[7] 参天地：与天地相合一致。参，参合。

[8] 愿岁并谢：与橘誓同生死。岁，年岁，指成长。谢，指死亡。

[9] 淑离：美善自守。离，同"丽"。淫：邪恶。

[10] 梗：正直。理：纹理，此喻道理。

[11] 师长：以之为师长。

[12] 伯夷：纣王之臣，固守臣道，反对周武王伐纣，与弟叔齐逃到首阳山，不食周粟而死，古人认为他是贤人义士。

[13] 置：植。像：榜样。

骚者，犹离忧也。""离"同"罹"，遭受。东汉王逸释为别愁。

屈原学识丰富，理想远大，政治才干突出，他对内主张修明法度、任用贤才，并实施改革、富国强兵，对外主张联齐抗秦。但受到楚国贵族集团中的顽固派和亲秦势力不断打击、排挤和毁谤，受到楚怀王的怀疑和疏远，他一生为之奋斗呼号的政治理想得不到实现，他就用诗歌倾吐自己的忧愁幽思和绵缠悱恻的情绪。《离骚》以理想与现实的冲突为主线，以花草禽鸟的比兴和瑰奇迷幻的神境作象征，借助于自传性回忆的情感激荡和复沓纷至、倏生倏灭的幻境交替展开全诗。刘师培在《论文杂记》中评价其"以情为里，以物为表，抑郁沉怨"。

本篇节选的是上半部分"现实的世界"第一意段，作者介绍了自己的身世，强调了自己具有的"内美"，以及自己热爱生活，感到时间的易逝和生命的短暂，因而孜孜不倦地培养品德和锻炼才能。需特别注意的是，诗中出现了许多香草意象，如"江离""芷"等，这些都具有象征意义，阅读时要理解其内涵。

帝高阳之苗裔兮[1]，朕皇考曰伯庸[2]。摄提贞于孟陬兮[3]，惟庚寅吾以降[4]。皇览揆余初度兮[5]，肇锡余以嘉名[6]。名余曰正则兮，字余曰灵均。纷吾既有此内美兮[7]，又重之以修能[8]。扈江离与辟芷兮[9]，纫秋兰以

---

[1] 高阳：传说中古代帝王颛顼（zhuān xū）的称号。苗裔：后代子孙。

[2] 朕：人称代词"我"，自秦始皇起才专用作皇帝的自称。皇考：对已故父亲的美称。

[3] 摄提：指寅年。贞：正当。孟陬（zōu）：指寅月。

[4] 惟：句首语气词，表确定或强调。庚寅：指庚寅之日。降：降生。

[5] 皇："皇考"的简称。览揆：观察衡量。初度：出生时的情况。

[6] 肇（zhào）：开始。锡：同"赐"，赐给。

[7] 内美：是指先天具有的高贵品质。

[8] 重（chóng）：加上。修能：杰出的才能，这里指后天修养的德能。

[9] 扈（hù）：披。江离：香草名，即川芎。辟：同"僻"，幽僻。

9

为佩[1]。汩余若将不及兮[2]，恐年岁之不吾与[3]。朝搴阰之木兰兮[4]，夕揽洲之宿莽[5]。

日月忽其不淹兮[6]，春与秋其代序[7]。惟草木之零落兮[8]，恐美人之迟暮[9]。不抚壮而弃秽兮[10]，何不改乎此度[11]？乘骐骥以驰骋兮[12]，来吾道夫先路[13]！

学习任务

1. 朗读并背诵《离骚（节选1）》。
2. 请结合你对屈原的了解，想想屈原为什么会有时间飞逝的感受。

[1] 纫：联缀，编织。佩：佩饰。
[2] 汩（yù）：水流迅速的样子，比喻时光如逝水。
[3] 不吾与：即"不与吾"，不等待我。与，等待。
[4] 搴（qiān）：拔取。阰（pí）：土坡。
[5] 揽：采。宿莽：楚方言，香草名，经冬不死。朝、夕是互文。
[6] 日月：指时光。忽：迅速。淹：久留。
[7] 代序：代谢，即更替轮换之意。
[8] 惟：想到。零落：凋零。
[9] 美人：作者自喻。一说指楚怀王，一说指贤士。迟暮：年老。
[10] 不：何不。抚壮：凭借楚国的民心士气与优越条件。秽：秽政。
[11] 此度：现行的政治法度。度，法度。
[12] 骐骥：骏马，比喻贤臣。
[13] 道：引导。

✤ 实践活动

屈原作品诵读比赛

【活动主题】

诵读怡情，楚音绝响

【活动内容】

本活动以班级为单位，组织诵读屈原代表作品，进行诵读指导训练，推荐选手参加学校诵读比赛。要求学生全员参与诵读，营造富有人文气息的校园文化氛围，激发诵读经典的热情，培养人文素养，陶冶道德情操。

活动一：推荐篇目，自由诵读

推荐《离骚》《天问》《九歌》《九章》等屈原经典作品，利用早读时间，组织学生诵读。要求：不少于15篇，并查阅资料，读准字音，标注节奏和抑扬顿挫，读出感情。

活动二：确定篇目，指导训练

在通读的基础上，班级讨论确定参赛的篇目与诵读形式，班内进行初赛，推荐参赛选手，并进行训练指导。

活动三：复赛选拔，打磨提升

复赛以年级为单位，组织各班初赛选手进行正式比赛，对参赛学生进行分类评奖，选拔优秀人员进一步进行指导打磨，提升诵读感染力。诵读形式可以是个人朗诵或团队吟诵，可以配音、伴表演，鼓励古装（楚服）展示。

活动四：诵读大赛，颁奖总结

校级决赛采用淘汰制，比赛过程中所需的道具由各班自行负责。学校安排舞台布置、摄像、音响、调度等工作。

【交流分享】

1. 相关图文除以实体资料在校园内展示外，相关资料和影音作品可在学校网站上登载。

2. 可以利用祭扫烈士陵园、社区服务、校级交流等各种校外社会实践活动进行展示，扩大活动影响力，进一步提升诵读、表演能力。

第二单元

修德明志的美政求索

　　"哀民生之多艰"是屈原的思想基调，是他美政理想的重要内容。屈原在楚怀王时任左徒之职，希望振兴楚国，"国富强而法立兮，属贞臣而日娭"。屈原制定宪令，希望变法图强，"举贤而授能兮，循绳墨而不颇"。即使遭受斥罚，被贬谪流放，依然坚定理想信念，探寻国家发展的道路，"路曼曼其修远兮，吾将上下而求索"。屈原多次遭受谗言迫害，但他"廉洁正直以自清"，始终坚守节操，洁身自好。

　　本单元由"锐意改革　浊世显荣"和"山河破碎　峨冠远行"两课构成。学习本单元时，不仅要结合"生平回放""故事汇"等板块内容，概括了解屈原的人生经历与品质，而且要结合注释，认真研习"作品赏析"板块所节选的屈原作品，悟其道、明其志、敬其德、仰其行，深入领会屈原的高尚精神，同时初步感受"骚体"诗歌的特色与艺术魅力。

第二课
锐意改革　浊世显荣

🔆 生平回放

歆慕美政，变法图强

　　年轻时的屈原意气风发，很想有一番作为，加上博闻强识，明于治乱，娴于辞令，因此很早就被楚怀王封为左徒。屈原踔厉奋发，积极有为，"入则与王图议国事，以出号令，出则接遇宾客，应对诸侯"，即对内跟楚怀王商议国家大事，拟定改革的法令，对外要接待诸侯，参与外交事务。

　　屈原出身贵族，却不屑于维护既得利益，而是锐意改革，追求美政。可以说，这是屈原一生执着追求的政治理想。

　　屈原主张的美政，主要内容是君明臣贤，共兴楚国。首先，国君应该具有高尚的品德，才能享有领导国家的权力；其次，应该选贤任能，罢黜（chù）奸佞；最后，修明法度，贤才人尽其用，各负其责。总之，相对于楚国的现实而言，屈原的"美政"理想更加进步，符合历史的发展趋向。

　　屈原的作品是他坚持"美政"理想、与腐朽的楚国贵族集团进行斗争的实录，这一点在《离骚》中得到了充分表现。"举贤而授能兮，循绳墨而不颇"，就是不分贵贱，把真正有才能的人选拔上来治理国家，反对世卿世禄，限制旧贵族对权位的垄断。他还以奴隶傅说、屠夫吕望、商贩宁戚的历史事迹为例，说明了不拘身份选拔人才的合理性。所谓"循绳墨而不颇"，就是修明法度，即法不阿贵，限制旧贵族的种种特权。

　　"彼尧舜之耿介兮，既遵道而得路"。"耿介"意即光明正大，是屈原对国君的最高要求。所谓贤臣，则以伊、傅、吕、宁为楷模，而不以贵胄为对

15

象，主张任人唯贤，反对任人唯亲。屈原在讲到贤臣时，往往用忠贞、忠诚、忠信这些语词。屈原本人就是在忠君爱国的思想支配下，敢于坚持真理，不向邪恶势力低头："亦余心之所善兮，虽九死其犹未悔。"古代贤臣"忠"的美德在他身上有充分的表现。

屈原"美政"的另一个基本内容就是民本思想。这在他的作品中有很清晰的表述。他在《离骚》《九章》等作品中反复谈到"民"的问题。所谓圣君贤相，所谓美政教化，就是要看能否解决民生疾苦问题，能否致民于康乐之境。

他热烈颂扬古代的圣君如尧、舜、禹、商汤、后稷、文王以及齐桓、晋文和楚之三后等，热烈颂扬古代的贤臣，如伊尹、傅说、吕望、周公等。他还用对比的方法鞭笞一些非圣之君，如桀、纣等。他想通过对比来阐明圣君贤相的重要性，并借以说明当世楚国无圣君贤相的危险性，这些都是针对现实而发的。

"美政"具有较为鲜明的儒家色彩。主要体现为"在德者在位"，"廉政""恤民"，"举贤授能"，主张大一统，反对暴力征伐等。

屈原担任左徒，参与执掌楚国的内政外交。内政方面，他积极改革；外交方面，他主张与齐交好，楚齐两国联合抵御秦国。这一系列策略，一度使楚国成为实力强大的国家之一。

❀ 故事汇

金稉稻荐真贤才 ①

屈原任楚国左徒期间，深受怀王信赖。他提倡"举贤授能"，经常访贤纳士，以期振兴楚国，大治天下。

据传有一次，屈原回到他的故乡归州取贤，却不料出现了奇怪的现象。

原来荐举考试结束后，屈原发现应试者中，竟然有九十九人成绩相同；有一人稍差一点，名列第二。也就是说，第一名加上第二名，正好一百人。

屈原满腹疑惑："是归州人才济济呢，还是有人作弊？"他来回踱着方

---

① 本文系民间传说故事，具有虚构性质。

16

步，陷入两难之中。宣布此次荐举作废吧，会失信于民；把这一百名全都录取吧，又良莠（yǒu）不齐。屈原冥思了许久，最后想出了一个巧妙的办法。他一边题写榜单，一边叫人赶紧去准备两升谷种。天亮放榜，榜上写着一百个人的姓名，榜后还写道：此榜乃初荐，复荐于明日巳时进行。

复荐之时，九十九个第一名一大早就来了，只有第二名迟迟未到。直到择贤快开始时，才见一个青年农夫，脚穿麻耳草鞋，满脸热汗地匆匆赶来。这个青年农夫，就是第二名昭汉。看见人到齐了，屈原大声说道："现在正是谷雨时节，你们每人带点谷种回去，秋后来这儿交卷。谁收的谷子最多，谁就复荐过关。"助手提着早已准备好的谷种，发给每人各一百粒。九十九个头名都非常奇怪，暗想：这是一种什么荐举方法？大家接过谷种，议论纷纷地走了。

府衙内只剩昭汉一人，屈原走到昭汉身边，对他说："你的文章不错，很有见地，取第二名你怎么想呢？"昭汉诚恳地回答："我平时忙着种庄稼，抽空学的一点文章，我的名字能上金榜就很满意了。"屈原说道："那秋后看你的本事了。"昭汉向屈原施礼作别而去。

春去秋来，交卷的日期终于到了。九十九个头名请人背筐提篮，带着黄澄澄的稻谷，胸有成竹地来到归州府衙。只有昭汉排在最后，手里捧着一只小土钵，站在一个最不显眼的角落，心情非常沉重。

屈原看着大家献上的金灿灿的稻谷，心中很不是滋味。后来，谷子越堆越多，他的脸色也越来越难看。终于，九十九个头名都验完了，昭汉这才默默地捧着那只小土钵走了出来。还没等屈原查看，满堂的人们哄然大笑起来。一看昭汉的收获，屈原却喜不自禁："收获子实多少？""九百九十九粒。"昭汉坦然答道。屈原又道："有谷春得出米，有话讲得出理。能收获这九百九十九颗谷粒不简单啊，你能把过程给大家讲讲吗？"昭汉说："大人，我把您发的一百粒谷种带回家，细细地挑选了几遍，发现其中九十七粒都已失去生机，只有三粒可以做种。接着，我守着三粒谷种，育苗、插秧、保水、施肥、锄草、治虫，丝毫不敢马虎，可到最后还是只结了这九百九十九粒。乡亲们都说：'昭汉，虽然你尽力了，可就收获了这么点谷子，复荐还是免了吧。'可我怎么能失信于大人呢？所以，就硬着头皮来了，请大人验看！"屈原激动地捧起小土钵说："昭汉，你真是一个诚实的人啊！你的品格像这稻种一样经得起考验！"

接着，屈原当众宣布，昭汉是此次当选的唯一贤才！九十九个落选的人蒙了，异口同声地问道："大人，您不是说过，谁的谷子结得最多，谁就复荐通过吗？我们收获的谷粒都有成千上万，为什么昭汉反而获胜呢？"屈原气愤地说："那要问问你们自己，你们这成千上万的谷粒里，有几粒是我发的金粳稻种出来的？"九十九个人听了，个个面面相觑，谁也说不出一句话来。

原来，屈原所发稻种每一百粒只掺进三颗能生长的金粳稻种，其余九十七粒都经过高温蒸煮失去发芽生机。屈原就这样巧妙地设计了一个复荐试题，也录用了一个诚实的人才。

从此，金粳稻的故事在归州世代流传，而金粳稻也被叫作"诚实稻"了。

心怀黎民楚王井①

传说屈原在楚国任左徒时，有一次来到楚王井边。他拜过先王，就兴致勃勃地伏身井边，捧水思源。突然一阵脚步声，扰乱了屈原的情思。他起身回头一看，一群群城内百姓，背桶挑担，蜂拥而来，争着从井中汲水。有的索性跳进井里，爬到石龙嘴下边，用瓢接水，灌进木桶。一会儿，清凌凌的楚王井，被搅得浑浊不堪。由于人们争先汲水，都未发现左徒屈原。屈原不知道城内发生了什么事，忙退到一旁，留神察看。他随着人潮，来到城内，只见许多人围着一条用嫩柳编成的"水龙"，十来个打着赤膊的壮汉，举着水龙盘来绕去。街道两旁，家家户户屋檐下放着水桶水缸，围观的人群拿着木瓢瓦钵，沿街舀水，去浇这条水龙。直到城南的水泼干浇尽，水龙才缓缓"游"向城北。

城北的人，又涌到楚王井去背水。但背回来的全是浑水泥浆，浇在水龙身上，水龙便成了"泥龙"。舞龙的人，也都变成了泥巴汉子。

城东城西的人，再也无水浇龙了。

屈原明白了，这是老百姓们"岁旱祈雨"。这件事深深地触动了屈原，他想：楚国的祖先，不但在这里为我们创建了楚都，开拓了峡江，而且楚王还亲自给我们挖下了楚王井，供我们饮用。从楚先王到如今，已经过了几百年，人们生活并没有多大变化，连饮水也只有先人遗下的这口楚王井。几天

---

①本文系民间传说故事，具有虚构性质。

不下雨，百姓就连一口清水也喝不上了，哪里还谈得上浇灌庄稼呢？年年岁岁，世世代代，官府究竟在做什么？屈原想到这里，心中闷闷不乐，便叫随从去把楚王城里的州官请来。

正在饮酒作乐的州官，一听说郢都左徒大人有请，连忙扔下金盏，一口气跑到屈原面前，叩头请罪。屈原说了一声免了，便带着州官来到楚王井边，一起看了城民抢夺泥巴浑水的场面。屈原还从一个百姓手中拿过一瓢浑水，咕嘟咕嘟地先喝了半瓢，然后递给州官。

州官知道是左徒要他与民同苦，只好硬着头皮，伸长颈子，把浑水喝了下去，呛得他喉咙发直。接着，屈原又带着州官去城内观看了百姓"岁旱祈雨"的盛况。老百姓宁肯渴死，宁肯缸底朝天，也要泼浇旱龙，祈求上天降雨。百姓的苦难真令人痛心啊！屈原对州官说："为了楚王城的百姓有水喝，你要在四个城门外，各打一口水井。"

州官不敢违抗，连声答应。

屈原带着州官，走出东门，来到离城一里的青龙岭下，"嗖"的一声抽出他那把闪闪发亮的陆离长剑，往地上猛地一戳。一道强光闪过之后，只听山崩地裂一声巨响，长剑已入地三尺。接着屈原拔出长剑，天空又是一道闪光、一声霹雳。大家上前一看，屈原戳剑的地方，冒出了碗口粗的一股龙泉，清亮亮、白花花直往外喷。它比楚王井的泉水还粗、还清、还甜。后来人们叫它戳剑泉。因为这股泉水像一条青龙从岩缝飞跃而出，大家也叫它跃龙泉。

这时，州官从惊骇中醒悟过来，奔到戳剑泉边，欢天喜地地说："感谢左徒大人，我的百姓有水喝了。"

屈原正色地说："光有水喝怎么行？黎民百姓还要有吃的才是。"

州官回答说："楚先王开基创业，左徒大人安邦治国，引来龙水，实在可贵！我一定在四门之外，连夜打井。泉水多了，可以浇灌庄稼，百姓不是就有吃的了吗？"

三日之内，州官和百姓们果然在楚王城的四门之外打了四口水井。楚王城的百姓这才有吃有喝了。至今，这四口井，经过两千多年的沧桑变故，虽然已经不复存在，但楚先王开出的楚王井和屈原的戳剑泉（跃龙泉），依然在楚王城旁边涓涓流淌，供人们饮用、瞻仰，激励着人们的创业精神，而屈原爱民如子的形象也镌刻在人们的心中。

19

九歌·国殇

屈　原

　　《九歌》是屈原《东皇太一》《云中君》等11篇作品的总称。"九"并非实数，而是泛指其多。王逸《楚辞章句》认为："昔楚国南郢之邑，沅湘之间，其俗信鬼而好祠。其祠，必作歌乐鼓舞以乐诸神。屈原放逐，窜伏其域，怀忧苦毒，愁思沸郁。出见俗人祭祀之礼，歌舞之乐，其辞鄙陋。因为作《九歌》之曲，上陈事神之敬，下见己之冤结，托之以风谏。"也有人认为《九歌》是屈原在民间祭歌的基础上加工而成的。

　　《国殇》是《九歌》中的一篇，内容为追悼和礼赞为国捐躯的楚国将士。楚怀王轻信张仪"楚诚能绝齐，秦愿献商於之地六百里"的谎言，贪图秦国土地，放弃了与齐国合纵抗秦的方针。当楚怀王得到土地的梦想破灭后，楚秦交恶便不可避免。自楚怀王十六年（前313）起，楚国与秦国之间发生了多次大战，都是以楚国失败而告终。在屈原生前，楚国就有15万以上的将士在与秦军的血战中战死疆场。清代蒋骥在《山带阁注楚辞》中论及此篇时指出："怀襄之世，任谗弃德，背约忘亲，以至天怒神怨，国蹙兵亡，徒使壮士横尸膏野，以快敌人之意，原盖深悲而极痛之。"古代将尚未成年（不足20岁）而夭折的人称为"殇"，也用以指未成丧礼的无主之鬼。按古代葬礼，在战场上"无勇而死"者，照例不能敛以棺柩，葬入墓域，也都是被称为"殇"的无主之鬼。在秦楚战争中，战死疆场的楚国将士因是战败者，故而也只能暴尸荒野，无人替这些为国战死者操办丧礼，进行祭祀。正是在一背景下，屈原创作了这一不朽名篇。

　　操吴戈兮被犀甲[1]，车错毂兮短兵接[2]。旌蔽日兮敌若云[3]，矢交坠

---

[1] 吴戈：吴地产戈以锋利著称，此指武器精良。被：同"披"，穿着。

[2] 车错毂：双方战车交错在一起。毂（gǔ），车的轮轴。

[3] 旌：旗帜。

兮士争先[1]。凌余阵兮躐余行[2]，左骖殪兮右刃伤[3]。霾两轮兮絷四马[4]，援玉枹兮击鸣鼓[5]。天时怼兮威灵怒[6]，严杀尽兮弃原野[7]。出不入兮往不反[8]，平原忽兮路超远[9]。带长剑兮挟秦弓[10]，首身离兮心不惩[11]。诚既勇兮又以武[12]，终刚强兮不可凌[13]。身既死兮神以灵[14]，魂魄毅兮为鬼雄[15]。

学习任务

1. 本诗语言铿锵，感情浓烈，请背诵全诗。

2. 现代社会也有许多为国奉献、牺牲的英雄，请你结合本诗谈谈该如何对待英雄。

第二单元　修德明志的美政求索

---

[1] 矢交坠：两军相射的箭纷纷坠落在阵地上。

[2] 凌：侵犯。躐（liè）：践踏。

[3] 骖：驾车时位于两旁的马。殪（yì）：死。

[4] 霾（mái）：同"埋"。絷（zhí）：绊。

[5] 援：拿起。玉枹（fú）：对鼓槌的美称。枹，鼓槌。

[6] 天时：天象。怼（duì）：怨恨。威灵：威严的神灵。

[7] 严杀：严酷的厮杀。

[8] 入：回来。反：同"返"。

[9] 忽：渺茫，不分明。超远：遥远。

[10] 秦弓：指良弓，秦国制的弓当时最好。

[11] 惩：因受创而知戒，戒惧。

[12] 诚：诚然，确实。

[13] 凌：侵犯。

[14] 神以灵：指死而有知，英灵不泯。神，精神。

[15] 鬼雄：鬼中的豪杰。

✿ 实践活动

"屈子传人"演讲活动

【活动主题】

固华夏根　塑荆楚魂　做屈子传人

【活动内容】

结合屈原作品提炼主题，一月一主题进行演讲。通过演讲活动挖掘屈原的精神内核，培养学生的爱国精神。锻炼演讲能力和口头表达能力，给学生提供展示自我、提升自我的机会和舞台，丰富知识结构，正己修能。

活动一：集体讨论，根据屈原的精神提炼重大主题，讨论其精神内涵

1. 修能——"纷吾既有此内美兮，又重之以修能。"
2. 博闻——"朝饮木兰之坠露兮，夕餐秋菊之落英。"
3. 悯生——"长太息以掩涕兮，哀民生之多艰。"
4. 坚韧——"亦余心之所善兮，虽九死其犹未悔。"
5. 求真——"路曼曼其修远兮，吾将上下而求索。"
6. 高洁——"制芰荷以为衣兮，集芙蓉以为裳。"
7. 刚正——"宁溘死以流亡兮，余不忍为此态也。"
8. 忠贞——"虽体解吾犹未变兮，岂余心之可惩！"

活动二：围绕月主题进行演讲，讨论

每月初，对主题关键词进行解说。每周 4 位学生、1 位教师结合主题进行限时演讲。演讲在每天晨诵时间开展，人员与内容提前申报。

活动三：每月底，由"班级代表评审团"参与评分，评选"最佳屈子传人"

整个活动结束后，进行全校总结与表彰。

【交流分享】

1. 精选、编印演讲文稿、海报，分发学生学习。
2. 学校、班级办一期主题专栏，交流展示。
3. 将活动的系列资料整理存档，将演讲影音内容上传学校网站平台，进行推广传播。

第三课
山河破碎　峨冠远行

☸ 故事汇

卧辙力谏进忠言[①]

　　秦国上下早有吞并诸侯的野心，但他们很清楚，齐国和楚国是妨碍秦国统一大业的两大障碍。所以在楚怀王三十年（前299），当秦国得悉楚国和齐国交好时，自然要来破坏。

　　秦王先是欺骗楚国，离间楚国与齐国的结盟；继而采取软硬兼施的手段，一面出兵攻打楚国，连取楚国八座城池，一面由秦王亲自修书，约怀王去秦国的武关会晤，表示要重建秦国与楚国的友好关系。

　　怀王接信后犹豫不决：想去，害怕再次受骗；不去，又怕激怒秦王。大臣昭雎（jū）极力阻止怀王前往武关，认为秦国是虎狼之国，不可信任。怀王和郑袖的儿子子兰却力主怀王去武关会晤，劝怀王不要拒绝秦王的好意。楚怀王最终听取了子兰的提议，决定去武关与秦王会晤。同时他又密令昭雎不惜一切代价，派人去齐国把太子接回郢都。

　　一向孤傲自大的楚怀王，此时心情却十分忧郁。还好此时接太子的两辆大车驶回，怀王便把楚国的江山社稷交给太子，自己则准备前往武关践约。

　　这时，屈原挣脱卫士们的阻拦，冲到怀王的队伍前。他看见秋风中飘动的"盟"字标旗，号啕大哭着说："大王，你一定要去武关吗？秦国是虎狼之国，他们说过的话从来都不算数，千万不要再上他们的当！"怀王责备屈原说："寡人真不明白，你一直把秦国人当敌人，到底是跟他们结下了什么

---

①本文系民间传说故事，具有虚构性质。

生死冤仇？"屈原分辩说："我跟秦人没有任何个人恩怨。"

怀王问昭雎，昭雎说："臣以为当务之急不是武关会盟，而是加强西部边境的防务。"怀王又问陈轸，陈轸说："臣还是那句老话，跟秦国人打交道不应该庆贺，而应该给楚国吊丧！"怀王得不到想要的答案，喝令这些老臣们走开。

屈原猛地扑到怀王车前，将"盟"字旗扳倒在地，然后上前一步匍匐在怀王的车轮下，大声喊道："大王如果一定要去武关，就从屈原身上碾过去！"

怀王大怒，令人把屈原拖到路边，重新竖起"武关会盟"大旗，在人喊马嘶中，在屈原的哭声中，向西北急驶而去。

舍身护佑问天简[①]

自秭归茅坪驱车至凤茅路，到茶园坡隧道口，可见入口处一块巨石临江倚岩而立。巨石高约 400 米，宽约 80 米，厚约 5 米。它与主岩间有一道宽处约 5 米、窄处约 0.5 米的裂缝，把它与岩体完全隔离开来。这块高而薄的巨石片，就像人工立起的一方丰碑，又像一片竹木削刻的书简。人们称它简石，又叫"问天简"。

人们说，原本这里没有这块巨石片，是屈原写了《天问》以后才长起来的。

屈原去郢都之前，在九畹芝兰讲过学，教育过不少的青少年。他走了以后，大家都很怀念他。后来人们听说他遭到贬斥，急得不得了，又打听不出个究竟，只好公推青年后生石夫去郢都面见屈原，让他知道，无论政治上遭到怎样的挫折，弟子和乡亲们都不会背弃他，万一有什么风浪过不去，家乡父老欢迎他归来继续讲学。

石夫来到郢都，多方打听，才知道屈原被放逐到汉北去了，随即掉头北行。在汉北没有找到屈原，却见大批难民南逃，细细询问，才知道楚军被秦军打败，汉北失守了。他随难民南返，谁知秦将白起率军冲到了他们的前面，占了郢都，烧了夷陵，顷襄王等东逃陈城（今河南淮阳），而楚国的大批官员，早已南逃长沙了——这就是几乎使楚国亡国的鄢郢之战。石夫痛哭了一场，掉头向南，发誓不找到屈原，决不回程。他在江南东奔西走，逢人就问，

_____

[①] 本文系民间传说故事，具有虚构性质。

好长时间，终于在汨罗江岸找到了屈原。他带给了屈原乡亲们的问候和同情，并殷勤邀请屈原回到家乡去讲学。屈原抚着灰白的长须，仰天长叹："回天无力了！"

是啊，郢都失守，祖陵被焚，楚国的大好江山，到处一派狼烟，百姓处于水深火热之中，而东逃陈城的顷襄王、令尹子兰等却仍沉湎于酒色，置国事于不顾，楚国还有什么希望呢？屈原让石夫赶快回乡，将秦军肆虐的惨状告诉乡亲们，让大家团结起来抗击暴秦，而自己还要在这里和背井离乡的难民们共渡苦难，还要思考一些问题，暂时不能归乡。石夫临行，屈原托他将自己的一卷诗简《天问》带回家乡，焚于高山之巅，让它化为青烟，闻于天听，让上天给这些百思不解的一百多个问题一些答案，拯救多灾多难的下界百姓。

石夫带了诗稿，赶回家乡，一则他要早日完成屈原的委托，焚诗稿于高山之巅；二则他答应过妻子，这次出门不会超过百日——他妻子石妇快临产了，这也叫他放心不下呀！现在已离家九十七天了，他还在夷陵盘桓呢。

早在攻破郢都前，夷陵就被秦军占领了。秦军对过往行人搜查极严，尤其是书生打扮的人，见了就抓，携了书卷的，搜出就烧。被抓的书生，被烧的书籍，已经不少了。石夫既怕自己被抓，更怕屈原的诗简被搜去，不敢再坐船。只好绕东山，过窑湾，渡下牢溪，翻晒经坪，下天柱山，从莲沱南渡，一路沿江岸西上，再到茶园坡。

这时算来石夫离家已经九十九天了，还有一天便可以到家了。本应加快脚步急走，可是一天一夜的赶路，已经使他又累又饿、精疲力竭了，他只好在江边稍事休息。他坐在石上，就着江水，吃口干粮。这里在牛肝马肺峡南岸，江岸绝壁之下，荒无人迹，清静极了。吃完干粮，他突然萌发出一种欲望，屈原的《天问》诗章，就要烧毁了，可是自己还没有读过呢！就这样烧了，岂不无人知晓到底写了些什么？这样一想，心里就像有一团火燃起来一般，有些迫不及待了。他立即解下包袱，翻开竹简读了起来："遂古之初，谁传道之？上下未形，何由考之？"他读了几行，便被诗中的奇问震惊了：这些问题果然存在，可是答案又在哪里呢？难怪先生要焚以问天了。不过，天若不答，后人对这些问题不是无从知晓了吗？要是能记下来，传于人间该多好！可是师命难违呀，不烧又不行！

猛然，他见江边有一块六尺来高、两尺多宽的石板，水冲沙磨，光滑极了，不是正好用来做一块记录《天问》内容的书简么？他捡起一块小尖角石，试着往石板上写了一句。好！就像快刀刻豆腐干一样，划上了深深的刻痕。他写了几行，再看几行，心里一边默记，一边在石板上找可写的位置。谁知他一找准位置，就发现这行诗的字已从眼睛里一个一个跳出来自己刻到石板上去了。这一下，他不晓得多欢喜了。赶快把石板竖起来，挨山根靠好，摊开诗卷，读了起来。读一行，望望石板，字就跳了过去。一天下来，这一诗碑书刻便完成了。他站起来，在碑前上下左右地欣赏一番。

就在他兴奋得有些得意时，一只划子来到江边，在他背后悄悄落帆靠岸了，船上跳下二十名全副武装的秦军。原来，他在莲沱乘船渡江时，已被秦军坐探发现了携带的诗简，只是当时只有坐探一人，不便下手抓他，便向驻扎在下牢戍的秦军报告去了。下牢戍戍长立即派了这只快船追来。秦军看见石夫在江边摊开书卷，还以为他在晒书呢，于是不声不响地靠了船，跳上岸来。等石夫察觉这一险情时，什么也来不及做了。想护书，早已被夺去；想逃走，前是绝壁后是大江。别无选择，只有一死以报屈原了！他捡起两块石头，和秦军搏斗起来。自古好汉不敌四手，更何况以一个文弱书生面对二十个赳赳武夫呢？不一会儿，石夫就被打得气息奄奄，无力还击了。秦军也不和他客气，把他抬起来，丢到江里去了。他手里还捏着两块沉沉的石头呢！一投下江，他就很快沉下去，再也没有浮起来，最后在下游不远处生了根，长成一个江心大石堆。

秦军杀死石夫，夺下诗简，按常规，烧掉！他们在江边捡了些干柴，堆放起来，打火点燃，便把屈原的诗简丢了进去，并跪在那里吹风助火，要把诗简迅速烧掉。

石夫所刻的那一方诗碑，本已得了《天问》的灵气，成了石精了。这一会儿又得了秦军焚烧诗简为香，更来了精神向上生长。诗简香烟升有多高，诗碑便长到多高，不一会儿，便长到与山顶一般高了。而且经烟一熏，那些字迹便如黑漆写上一般，分外醒目了。

秦军一看，眼珠子快瞪出来了：烧了这一卷竹简，却造就了这一方石碑，这可怎么办呢？还是坐探有主意："快——泼水去洗！"他们有的拿畚斗，有的用拖把，还有的脱了裤子绑在篙竿上，一齐泼水去洗，哪知石简烧热了，水一泼上，"噗"地化成一道白气。白气飞上天去，邀了峡空乌云，压了下来，把这道牛肝马肺峡遮了个黑漆漆，对面都不见人影。

秦军所焚屈原《天问》的浓烟，早已随风飘上了凌霄宝殿。玉帝抓来一角，见文大惊，一边命翰林院值殿烟霞学士立即收集所有《天问》诗卷，以供研读；一边命闪婆雷公巡查凡间，看看这位问天询地的诗神有何冤屈。

闪婆雷公路过牛肝马肺峡上空，但见脚下乌云滚滚，怨气冲天，不知发生了什么事。立即驻足，撕开黑幕，往下一看，原来是几个秦军正朝屈原巨著泼脏水。闪婆雷公大发雷霆，怒吼一声，峡中震荡，把这伙秦军抓起来，都丢到江里去了。

俄而，云开日出，人们发现江边多了这块与山顶齐高的巨碑，便称它"问天神简"；而江中多出来的那个大石堆，上面扣了只空船，人们便称它"空舲"——这就是后来的"崆岭滩"了。

作品精读

九章·怀沙

屈 原

《怀沙》是《九章》中的一篇。对文题"怀沙"的含义，有两种解说：一是怀抱沙石以投江，一是怀念长沙而归死。

屈原在楚国信而见疑，忠而被谤，受奸臣谗害，遭疏远流放。但他虽被流放，依然不改其志；虽遭小人诋毁，依然执忠守节；虽报国无门，依然坚持理想，最终投江以明志。《怀沙》就是屈原自投汨罗江前的绝命之作。屈原在诗中历述不能见容于时的现状、原因以及南行的心情，为自己遭遇的不幸发出了浩叹，希望以自身肉体的终结来警醒君主，震撼朝野，激励民心。

滔滔孟夏兮[1]，草木莽莽[2]。伤怀永哀兮[3]，汨徂南土[4]。眴兮杳杳[5]，孔静幽默[6]。郁结纡轸兮[7]，离慜而长鞠[8]。抚情效志兮[9]，冤屈而自抑[10]。刓方以为圜兮[11]，常度未替[12]。易初本迪兮[13]，君子所鄙。章画志墨兮[14]，

---

[1] 滔滔：阳光强烈的样子。
[2] 莽莽：草木茂盛。
[3] 永：长。
[4] 汨徂（cú）：疾行。汨，迅速。徂，往。
[5] 眴（shùn）：同"瞬"，眨眼，此指看。杳杳：幽深冥暗的样子。
[6] 孔：非常。幽默：没有声音。
[7] 纡轸（yū zhěn）：委曲而痛苦。
[8] 离慜（mǐn）：遭受忧患。离，同"罹"。鞠：困穷。
[9] 抚：依循。效：考核。
[10] 自抑：克制自己。
[11] 刓（wán）：削去棱角。圜：同"圆"。
[12] 常度：正常的法则。替：废。
[13] 易初：变易初心。本迪：正道。本，本然，本来。迪，道路。
[14] 章画：明白规划。志墨：牢记准则。墨，绳墨，准则。

前图未改[1]。内厚质正兮[2]，大人所盛[3]。巧倕不斫兮[4]，孰察其拨正[5]？玄文处幽兮[6]，蒙瞍谓之不章[7]。离娄微睇兮[8]，瞽以为无明[9]。变白以为黑兮，倒上以为下。凤皇在笯兮[10]，鸡鹜翔舞[11]。同糅玉石兮[12]，一概而相量[13]。夫惟党人之鄙固兮[14]，羌不知余之所臧[15]。任重载盛兮[16]，陷滞而不济[17]。怀瑾握瑜兮，穷不知所示[18]。邑犬之群吠兮，吠所怪也。非俊疑杰兮[19]，固庸态也[20]。文质疏内兮[21]，众不知余之异采。材朴委积兮[22]，莫知余之所有。重仁袭义兮，谨厚以为丰[23]。重华不可遌兮[24]，

---

[1] 前图：前人的法度。图，计议，指法度。

[2] 内厚：本性敦厚。质正：品质端正。

[3] 大人：指圣贤。盛：赞美。

[4] 倕（chuí）：人名，尧时的巧匠。斫（zhuó）：砍。

[5] 拨正：曲直。拨，枉，曲。

[6] 玄文：黑色的花纹。幽：幽暗之处。

[7] 蒙瞍（méng sǒu）：瞎子。不章：没有文彩。

[8] 离娄：人名，善视。睇：微视。

[9] 瞽（gǔ）：瞎子。

[10] 凤皇：即"凤凰"。笯（nú）：竹笼。

[11] 鹜：鸭子。

[12] 同：混同。糅：混杂。

[13] 一概而相量：同等评价。

[14] 党人：政治上结党营私的人。鄙固：鄙陋顽固。

[15] 羌：句首语气词。臧：同"藏"。指藏于胸中之抱负。

[16] 载盛：担子重。载，装载，担负。

[17] 陷滞：陷没沉滞，比喻陷入困境。济：成功。

[18] 瑾、瑜：美玉，比喻美德和才能。穷：政治上失意，不得志。

[19] 非俊疑杰：怀疑和否定英雄豪杰。非，否定。

[20] 庸态：庸人伎俩。态，情态。

[21] 文：外表。质：内心。疏：疏放，不炫耀。内：同"讷"。

[22] 材朴：比喻自己已经发挥和尚未发挥的才能。委积：一旁堆积。

[23] 重、袭：都是"积累"的意思。谨厚：谨慎忠厚。丰：充实。

[24] 重华：虞舜。遌（è）：遇。

29

孰知余之从容[1]？古固有不并兮[2]，岂知其何故？汤禹久远兮[3]，邈而不可慕[4]！惩违改忿兮[5]，抑心而自强[6]。离愍而不迁兮[7]，愿志之有像[8]。进路北次兮[9]，日昧昧其将暮[10]。舒忧娱哀兮[11]，限之以大故[12]。

乱曰[13]：浩浩沅湘，分流汩兮[14]。修路幽蔽，道远忽兮[15]。怀质抱情，独无匹兮[16]。伯乐既没，骥焉程兮[17]？民生禀命，各有所错兮[18]。定心广志，余何畏惧兮[19]？曾伤爰哀，永叹喟兮[20]。世溷浊莫吾知，人心不可谓兮[21]。知死不可让，愿勿爱兮[22]。明告君子，吾将以为类兮[23]。

---

[1] 从容：举动。

[2] 古：指古代以来的圣贤。不并：生不同时。

[3] 汤禹：商汤和夏禹。

[4] 邈：遥远。慕：仰慕。

[5] 惩违、改忿：不再怨恨。违，怨恨。

[6] 抑心：克制内心。

[7] 迁：改变。

[8] 志：心志，内心。

[9] 进路：顺着路前进。北次：在北方停留。次，停留。

[10] 昧昧：渐渐昏暗的样子。

[11] 娱：使……快乐。

[12] 限：极限。大故：死亡。

[13] 乱：古代乐歌中的"尾声"。

[14] 汩：水疾速流动。

[15] 修：长。忽：渺茫。

[16] 质：指敦笃之质。情：指忠信之情。

[17] 骥：良马。程：衡量。

[18] 民生：人的一生。禀命：禀受天命。错：同"措"，安排。

[19] 广志：开阔心胸。

[20] 曾伤：无穷的悲伤。曾，同"增"。爰哀：无尽的悲哀。

[21] 溷（hùn）浊：混乱污浊。谓：评说。

[22] 让：辞让，避免。爱：吝惜。

[23] 明告：光明磊落。告，同"皓"。类：楷式，榜样。

学习任务

1. 结合本诗与对屈原的了解，请谈谈你对屈原"初心"的理解。

2. 在前进的道路上，人人都会遇到挫折，请结合诗歌，说说你对挫折的认识。

实践活动

研学旅行·到橘乡秭归采风

【活动主题】

亲历橘乡胜景　弘扬屈原精神

【活动内容】

探访屈原祠、秭归境内峡江古民居，感受民俗文化，了解地方历史变迁；亲手制作粽子或五谷香包，培养动手协作能力，培养团结进取的精神。

活动一：诵读经典，祭奠诗魂

舌灿莲花。在屈原故里重温屈原经典诗歌，感受中华民族源远流长的诗歌文化，为人生漫漫求索路确立正确的世界观、人生观、价值观。

妙笔生花。现场书写《天问》经典名句，体验团队协作力量，信任同伴，坚持不懈。学生组成几个小队，每队所有队员拉住控制毛笔的绳子末端，在不接触毛笔的情况下，完成指定书写任务。

活动二：参观故里，感受古风

参观屈原祠，了解屈原生平，感受《楚辞》魅力，学习屈原执着坚定的爱国精神、知其不可为而为之的斗争精神。

参观新滩古民居、峡江石刻、峡江古桥等三峡古民居区，了解历史建筑，近距离触摸巴楚文化底蕴。

参观橘乡劳动场景，了解柑橘培植、采摘、售卖的有关知识，了解柑橘入药的常识。

活动三：劳动实践，动手实操

制作五谷艾叶香包，把"艾"带回家。香包又叫容臭、香袋、香囊，是古代中国劳动妇女创造的一种民间刺绣工艺品。劳动操作中，一方面识艾叶、辨五谷，另一方面了解古代量具、器具，感受三峡独特的农耕文化。

动手包粽子，学唱《粽子歌》。秭归清水粽子晶莹洁白，质地柔糯，具芦叶香味，清甜爽口。通过包粽子将传承传统手工艺与培养动手能力有机融合，一举数得。秭归《粽子歌》歌词别致有趣："有棱有角，有心有肝，一身清白，半世熬煎。"屈乡人民以此来追思屈原。

【交流分享】

1. 师生开展"亲历橘乡胜景　弘扬屈原精神"主题分享和实践评价，总结实践心得和收获，办一期活动成果展（包含摄影图片、游记、手抄报等）。

2. 将相关文档与音像资料上传学校网络平台，在社会层面交流。

3. 同学们互赠五谷香包等亲手制作的实物，增进友谊。

屈风楚韵在原乡（三）

气贯长虹的精神坐标

　　屈原一生都在求索真知，尽管追求理想之路总是荆棘丛生，艰辛而漫长。也正因为如此，其精神才愈挫愈奋，信仰才愈磨愈坚。一个人有了远大理想和坚定信念，就有了勇往直前的精神力量，就有了"亦余心之所善兮，虽九死其犹未悔"的强大定力和视死如归的英雄气概，才能书写出代表中华民族气贯长虹的精神史诗。屈原，这个响亮的名字，充盈着崇高的价值追求，就是闪亮的精神坐标。

　　本单元的学习主题是"气贯长虹的精神坐标"。由"怀瑾握瑜　行吟泽畔""光争日月　流芳百代"两课组成。学习本单元，要了解屈原放逐江南和魂归汨罗的重要生平经历，掌握屈原的精神内核，讲述屈原的故事，背诵传世名句，加强实践研讨，获取人生启迪，让屈原文化落地生根。

第四课
怀瑾握瑜　行吟泽畔

生平回放

守正不回，殉道明志

屈原生性耿直，为人刚正不阿，因在修订法度时，不愿屈从权贵上官大夫，不肯与之同流合污，招来忌恨。上官大夫及楚国旧贵族千方百计阻挠屈原的改革措施，并且趁机诋毁他。

另外，屈原在外交上主张联齐抗秦，而且他也成功说服齐宣王，与齐形成抗秦联盟。齐楚两国的联盟，使秦国大为震恐。秦国为了实现兼并天下的霸业，必须瓦解齐楚两国的联盟。因此，屈原成为众矢之的。

公元前313年，秦惠文王派张仪出使楚国，游说楚怀王，并用重金厚赂楚国贵臣谗毁屈原，离间怀王和屈原的君臣关系。张仪以六百里商於之地为诱饵，诱骗楚怀王与齐国断交。楚怀王果然上当，派人去齐国辱骂齐王，激怒齐王，从而与齐国彻底绝交。事后，张仪却言而无信地说："仪与王约六里，不闻六百里。"楚怀王这才察觉受骗，盛怒之下兴兵伐秦，发动丹阳、蓝田两次战争，结果却均遭大败。楚国由此遭到沉重打击。

约公元前311年，楚怀王重新起用屈原，派他再次出使齐国，希望与齐国恢复邦交联盟。屈原这次同样不辱使命，修复了楚齐关系，促成齐楚两国再次达成同盟。但这一次同盟刚刚达成，却又一次被秦国破坏。

公元前306年，秦昭襄王继位，昭襄王的母亲宣太后是楚国芈姓王族的后裔，为了巩固秦昭襄王即位之初的地位，宣太后极力促成楚秦关系好转。楚国于是背弃合纵之约而与秦国联合。

公元前 305 年，楚国与秦国互为婚姻，结两国之好。屈原极力反对楚怀王与秦国订盟，但是楚国还是彻底投入了秦国的怀抱，屈原的联齐抗秦策略化为泡影。屈原深感在朝廷上无法立足，便自请放逐，被楚怀王趁机逐出郢都，开始了汉北的流放生涯，一直到大约楚怀王二十九年（前 300）他才被召回。

楚怀王三十年（前 299），怀王受其小儿子子兰怂恿入秦而被扣押，在齐国做人质的太子熊横被迎回即位。屈原对此事心有不满，耿耿于怀，触怒了子兰等亲秦势力，他们就在顷襄王面前谗毁屈原。于是，大约在顷襄王元年（前 298），屈原被第二次流放。屈原这次被流放的地方是尚属蛮荒之境的江南沅湘流域。

屈原被迫离开郢都，心情十分伤感。从郢都东下至夏浦，经枉渚，奔辰阳，走溆浦，后又折回，到达汨罗。他一路走走停停，头顶炎炎烈日，身披雨雪风霜，历尽千辛万苦，最后在汨罗江畔的玉笥山（今湖南汨罗市西北）定居下来。

屈原离开朝廷后，楚国政治更加昏乱，国事日非，以致被强秦日削月割，其国势日蹙。

公元前 278 年，秦国大将白起率军伐楚，攻破了楚国国都，屈原哀痛欲绝。空有满腔报国情怀却郁郁不得志的他，两度遭到流放，眼见故国沦丧却无能为力，愤懑之情可想而知，就在同年农历五月初五，他在汨罗怀恨投江，殉国明志。

传说屈原去世后，楚国百姓哀痛异常，纷纷涌到汨罗江边去凭吊他。渔夫们划起船只，在江上来回打捞他的遗体，并拿出为他准备的饭团等食物，丢进江里，让鱼龙虾蟹吃饱，以免吞咬屈大夫的身体。人们见后纷纷仿效。后来人们想出用楝树叶包饭，外缠彩丝，进而发展成今天的粽子。众人竞相划船，也演变成今天的龙舟竞渡。

后来，每年的农历五月初五就成了我国的传统节日之一——端午节，有吃粽子和划龙舟的风俗，以此来纪念伟大的爱国诗人屈原。

故事汇

渔父问答明心迹

屈原遭到楚王放逐，徘徊在沅江岸边。他沿着江边边走边唱，吟诵着忠君思国的诗句。他的面容憔悴不堪，模样枯瘦得不成人形。

这时，一位长相清奇的渔父遇见了屈原，向他问道："您不是三闾大夫么？为什么会落到这步田地呢？"

屈原仰天长叹："天下都是浑浊不堪，只有我保持着与生俱来的清澈透明；世人都昏睡迷醉，唯独我保持着明辨是非的清醒。因此，被君王放逐到了这不毛之地。"

渔父开导屈原说："圣明的人不死板地对待事物，而能随着世道一起变化。世上的人都肮脏不堪，您为什么不搅浑泥水扬起浊流去随波逐流呢？大家都耽于醉生梦死，您为什么不和他们一起饮酒作乐呢？您呀，为什么要深思苦虑自命清高，以致让自己落得放逐荒野落魄不堪的下场呢？"

屈原倔强地说："我听说，刚洗过头一定要掸去帽子上的尘土，刚洗过澡一定要抖去衣服上的灰尘。怎能让清白的身体去接触那世俗尘埃的污染呢？我宁愿跳到湘江里，葬身在江中的鱼腹，也不愿与那些胡作非为之辈同流合污。怎么能让晶莹剔透的纯洁品质，沾染上俗不可耐的污垢呢？"

渔父听了，无奈地微微一笑，摇起船桨动身离去。远远地，传来渔父隐逸飘忽的歌声："沧浪之水清又清啊，可以用来洗涤我的帽缨；沧浪之水浊又浊哟，可以用来洗濯我的双足。"

渔父不再劝说屈原，身影渐行渐远，越来越模糊，直至隐入远处的云雾中。屈原也毅然决然地转身而去，下定了不改初衷的决心。

艾叶飘香佑贞良[①]

古时候有一个善良的女子，一天，她背上背着一个年纪大些的孩子，手上牵着一个年纪比较小的孩子，在进入镇口的山路上缓缓行走。

走累了，她停下脚步站在路边，就在举手抹去额头汗珠的时候，看见一

[①]本文系民间传说故事，具有虚构性质。

个面容清癯（qú）的老者拄着拐杖迎面走来。这个老者不是普通人，而是化身到人间巡查的神仙。他这次来人间，是为了考察人间善恶，可走遍整个小镇，发现这个镇的人自私自利，无心公德，便决心对整个镇子施以惩戒。

老者来到歇息女子的旁边，择了一块石头，用手抹去石头上的灰尘坐了下来。在与女子的攀谈中，老者得知，原来这个女子背着的大孩子，是丈夫前妻留下的，而自己牵着的年纪小的孩子，却是她亲生的。老者想：她宁愿委屈自己的孩子，也不委屈丈夫前妻的孩子，真是难得的善良人。

可是，神仙向来说一不二，做出的决定往往是不会轻易改变的。他本来已经决定处罚这个镇上的人，但眼前这个善良的女子，却又让神仙不忍心惩戒。于是，这位老者便在附近拔起一把艾草，告诉女子，一定要在五月初五这天，把艾叶挂在自家的门前，这样的话，前来惩罚这个镇子的天兵天将，就不会伤害她家。

这个女子接受了神仙的艾叶，回到家也这么做了。但心地善良的她，不忍心街坊邻居受灾，便把需要在五月初五这天挂艾叶的秘密告诉了大家。于是，到了五月初五，家家户户都在门前挂了艾叶。前来惩罚的天神看到这种情景，便只能无可奈何地回去了。

从此以后，镇里的人们开始一心向善，争着帮助有困难的人家。到了后来大家也都知道，神仙一定要让人们在五月初五挂艾叶，是为了让天兵天将知道这户人家与忠贞不贰的屈原大夫有关系。于是，每年端午挂艾叶就成了缅怀忠臣、祛疫避灾的固定传统。

作品精读

九章·涉江

屈　原

　　《涉江》是《九章》中的一篇，是屈原的代表作之一。蒋骥在《山带阁注楚辞》中认为："《涉江》《哀郢》皆顷襄时放于江南所作。"本篇大约作于顷襄王三年（前296）初春。

　　"涉江"就是渡江而行的意思。本篇一方面揭露了楚国统治者的腐朽和罪恶，表达了对楚国反动势力的愤怒控诉和强烈斥责；另一方面，有力申述了坚持政治主张和保持高节、斗争到底的决心，毫不犹豫地遵循正道，绝不随俗浮沉，同流合污。王逸《楚辞章句》说："此章言己佩服殊异，抗志高远，国无人知之者，徘徊江之上，叹小人在位，而君子遇害也。"汪瑗《楚辞集解》说："此篇言己行义之高洁，哀浊世而莫我知也。欲将渡湘沅，入林之密，入山之深，宁甘愁苦以终穷，而终不能变心以从俗，故以'涉江'名之，盖谓将涉江而远去耳。"这两种意见都比较准确地概括出了本诗的主题思想。阅读此篇，要理解屈原充满浪漫主义色彩的高洁脱俗的形象。

　　余幼好此奇服兮[1]，年既老而不衰[2]。带长铗之陆离兮[3]，冠切云之崔嵬[4]。被明月兮佩宝璐[5]。世溷浊而莫余知兮[6]，吾方高驰而不顾[7]。驾青虬兮骖白螭[8]，吾与重华游兮瑶之圃[9]。登昆仑兮食玉英[10]，与天地兮

---

[1] 奇服：奇伟的服饰。比喻好的道德品质和学术修养。

[2] 既：已经。衰：衰减，引申为改变。

[3] 铗（jiá）：剑柄，这里指剑。陆离：很长的样子。

[4] 冠：帽子，此处意思为戴上。切云：一种高帽子的名称。崔嵬：高耸的样子。

[5] 被：同"披"，戴着。明月：珍珠名，即夜光珠。璐：美玉。

[6] 溷：同"混"。莫余知：即"莫知余"，没有人理解我。

[7] 方：将要。高驰：远远地离去。顾：回头看。

[8] 虬（qiú）：有角龙。骖（cān）：四马驾车，两边的马称为骖。螭（chī）：无角龙。

[9] 瑶之圃：美玉的园地，天帝的花园。

[10] 玉英：玉树之花。

比寿[1]，与日月兮齐光[2]。哀南夷之莫吾知兮[3]，旦余济乎江湘[4]。乘鄂渚而反顾兮[5]，欸秋冬之绪风[6]。步余马兮山皋[7]，邸余车兮方林[8]。乘舲船余上沅兮[9]，齐吴榜以击汰[10]。船容与而不进兮[11]，淹回水而疑滞[12]。朝发枉陼兮[13]，夕宿辰阳[14]。苟余心其端直兮[15]，虽僻远之何伤[16]。入溆浦余儃佪兮[17]，迷不知吾所如[18]。深林杳以冥冥兮[19]，猿狖之所居[20]。山峻高以蔽日兮[21]，下幽晦以多雨[22]。霰雪纷其无垠兮[23]，云霏霏而承宇[24]。哀吾生之无乐兮，幽独处乎山中。吾不能变心而从俗兮，固将愁苦

---

[1] 比寿：寿命一样长。一作"同寿"。

[2] 齐光：一样有光辉。一作"同光"。

[3] 南夷：南方没有开化的少数民族，此指楚国。

[4] 旦：清晨。济：渡过。江湘：长江和湘江。

[5] 乘：登上。鄂渚：地名，在今湖北武昌西。

[6] 欸（āi）：悲叹。绪风：余风。

[7] 步余马：让我的马徐行。山皋（gāo）：山冈。

[8] 邸：同"抵"，抵达，停止。方林：地名。

[9] 舲（líng）船：有窗的小船。上：溯流而上。

[10] 齐：并举。吴：国名，也有人解为"大"。榜：船桨。汰：水波。

[11] 容与：缓慢，舒缓。这里是徘徊不前的意思。

[12] 淹：停留。回水：指旋涡。疑滞：停滞不前。疑，同"凝"。

[13] 枉陼：地名，在今湖南常德一带。陼，同"渚"。

[14] 辰阳：地名，在今湖南辰溪县西。

[15] 苟：如果，只要。其：一作"之"。端直：正直。

[16] 虽：即使，就算。僻：荒僻。伤：妨害。

[17] 溆浦：溆水之滨。在湖南境内。儃佪（chán huái）：徘徊。

[18] 如：到，往。

[19] 杳：幽暗。冥冥：阴沉晦暗的样子。

[20] 狖（yòu）：长尾猿。一本"猿"字之前有"乃"字。

[21] 蔽：遮蔽。

[22] 幽晦：幽深阴暗。

[23] 霰（xiàn）：雪珠，小雪子儿。纷：众多而势大。垠：边际。

[24] 霏霏：浓云密布状。而：一作"其"。承宇：弥漫天空。

而终穷[1]。接舆髡首兮[2]，桑扈嬴行[3]。忠不必用兮，贤不必以[4]。伍子逢殃兮[5]，比干菹醢[6]。与前世而皆然兮[7]，吾又何怨乎今之人[8]？余将董道而不豫兮[9]，固将重昏而终身[10]！乱曰：鸾鸟凤皇[11]，日以远兮。燕雀乌鹊[12]，巢堂坛兮[13]。露申辛夷[14]，死林薄兮[15]。腥臊并御[16]，芳不得薄兮[17]。阴阳易位[18]，时不当兮。怀信侘傺[19]，忽乎吾将行兮[20]！

---

[1] 固：本来，当然。终穷：终生困厄不得志。

[2] 接舆：春秋时楚国隐士，时称"狂者"。髡（kūn）首：古代剃光头发之刑。

[3] 桑扈（hù）：古代隐士。嬴（luǒ）行：裸体而行。嬴，同"裸"。

[4] 以：用。

[5] 伍子：即伍员。楚人，因报父仇投吴，为吴王阖闾所信用，后因谏被吴王夫差逼死。

[6] 比干：殷时贤臣，被纣王杀害。菹醢（zū hǎi）：古代酷刑，将人剁成肉酱。

[7] 与前世：整个前世，自古以来。与，通"举"。

[8] 今之人：特指当今君王。

[9] 董道：坚守正道。董，正，这里作动词，守正。豫：犹豫，踟蹰。

[10] 重昏：重重黑暗。

[11] 鸾鸟：传说中凤凰一类的祥瑞之鸟，比喻忠臣贤士。

[12] 燕雀乌鹊：普通的小鸟。比喻无能的小人。

[13] 巢：筑巢。这里指挤满小人。堂坛：代朝廷。

[14] 露申辛夷：瑞香花和木兰。比喻清廉的贤人。

[15] 林薄：草木杂生的地方。

[16] 腥臊：恶臭之物。比喻谄佞之人。御：用。

[17] 芳：芳香之物，比喻忠直君子、贤人。薄（bó）：靠近。

[18] 阴阳：古代哲学概念，指矛盾对立的两个方面。易位：比喻楚国混乱颠倒的现实。

[19] 怀信：怀抱忠信。侘傺（chà chì）：失意的样子。

[20] 忽：恍惚，茫然。形容心里没有着落的样子。

1.《涉江》一诗中表现屈原"坚持理想、始终不渝"精神的名句比较多,你最喜欢哪一句?讲讲它的意思,说说你喜欢的理由。

2.这首诗中,象征手法运用娴熟,达到了十分完美的程度。请找出本诗中的诸多意象,分类整理,做成知识卡片,看看它们象征了什么。

九章·哀郢

屈 原

《哀郢》是《九章》中的一篇,是屈原的代表作之一。本篇创作时间存在争议,洪兴祖认为是作于屈原流放之初,王夫之认为是作于顷襄王二十一年(前278)秦将白起攻破楚国首都郢(今湖北荆州古城一带)之时。

本篇以"哀郢"名篇,实质上是对破亡前夕的祖国的无限挂念,对人民苦难的深切同情,对自己不幸遭遇的无尽伤感。诗篇真实记叙了郢都破灭、人民流亡的情形,生动描写了不得不出走逃亡而又满怀依恋、不忍离开祖国的复杂矛盾的心理活动,深刻抒发了诗人热爱祖国、思念故乡和同情人民的深厚感情。全诗融叙事、抒情、写景为一体,脉络分明,情感激越,堪称绝唱。学习时应反复朗读背诵,体会"绝唱"之妙。

皇天之不纯命兮[1],何百姓之震愆[2]?民离散而相失兮,方仲春而东迁[3]。去故乡而就远兮[4],遵江夏以流亡[5]。出国门而轸怀兮[6],甲之朝吾以

---

[1]纯命:指天命有常。纯,正常。

[2]百姓:在先秦指贵族。这里包括人民。愆(qiān):过失,罪过。

[3]方:正当。仲春:夏历二月。迁:迁徙,指逃难。

[4]去:离开。就:趋,往。

[5]遵:循,顺着。江夏:长江和夏水。夏水,古河名,在今湖南境内。

[6]国门:指郢都城门。轸怀:悲痛地怀念。

行[1]。 发郢都而去闾兮[2]，怊荒忽其焉极[3]？楫齐扬以容与兮，哀见君而不再得[4]。望长楸而太息兮[5]，涕淫淫其若霰[6]。过夏首而西浮兮[7]，顾龙门而不见[8]。心婵媛而伤怀兮[9]，眇不知其所蹠[10]。顺风波以从流兮[11]，焉洋洋而为客[12]。凌阳侯之氾滥兮[13]，忽翱翔之焉薄[14]。心绲结而不解兮[15]，思蹇产而不释[16]。将运舟而下浮兮[17]，上洞庭而下江。去终古之所居兮[18]，今逍遥而来东[19]。羌灵魂之欲归兮，何须臾而忘反[20]。背夏浦而西思兮[21]，哀故都之日远。登大坟以远望

第三单元 气贯长虹的精神坐标

兮^[1]，聊以舒吾忧心^[2]。哀州土之平乐兮^[3]，悲江介之遗风^[4]。当陵阳之焉至兮^[5]，淼南渡之焉如^[6]？曾不知夏之为丘兮^[7]，孰两东门之可芜^[8]！心不怡之长久兮，忧与愁其相接。惟郢路之辽远兮^[9]，江与夏之不可涉。忽若不信兮^[10]，至今九年而不复^[11]。惨郁郁而不通兮^[12]，蹇侘傺而含戚^[13]。外承欢之汋约兮^[14]，谌荏弱而难持^[15]。忠湛湛而愿进兮^[16]，妒被离而鄣之^[17]。尧舜之抗行兮^[18]，瞭杳杳而薄天^[19]。众谗人之嫉妒兮，被以不慈之伪名^[20]。憎愠惀之修美兮^[21]，好夫人之慷慨^[22]。众踥蹀而日进

---

[1] 坟：指水边高地。

[2] 聊：姑且。

[3] 州土：指楚国州邑乡土，屈原经过的地方。平乐：土地平阔，人民安乐。

[4] 江介：长江两岸。介，一作"界"。遗风：古代遗留下来的风气。

[5] 当：值。陵阳：即陵阳侯，指波涛。一作地名。焉至：至何处。

[6] 淼（miǎo）：大水茫茫的样子。焉如：何往。

[7] 夏：同"厦"，高大的房屋。这里指郢都的宫殿。

[8] 孰：谁，何。芜：荒芜。

[9] 郢路：通向郢都之路。辽远：遥远。

[10] 忽：指时间过得快。一本"若"下有"去"字。

[11] 复：指返回郢都。九年：言流放时间之长，非确指。

[12] 惨郁郁：指心中愁惨郁闷。不通：指心情不通畅。

[13] 蹇：同"謇"，句首语助词。戚：忧伤。

[14] 承欢：指承君主之欢。汋（chuò）约：指容态美好。汋，同"绰"。

[15] 谌：诚，实在。荏弱：软弱，脆弱。难持：即靠不住。持，同"恃"。

[16] 湛湛：忠心耿耿的样子。愿进：愿意进身于君前效力。

[17] 被离：同"披离"，纷纷地。鄣：同"障"，阻挠。

[18] 抗行：高尚伟大的行为。一本句首有"彼"字。

[19] 瞭：同"辽"，远，高远。杳杳：遥远。而：一作"其"。薄：迫近。

[20] 被：覆盖，加在身上。伪名：捏造的恶名。

[21] 憎：憎恶。愠惀（wěn lǔn）：忠厚诚朴。修美：高洁美好。

[22] 夫（fú）人：彼人，那些人。慷慨：这里指毫无顾忌的阿谀奉承之语。

兮[1]，美超远而逾迈[2]。乱曰：曼余目以流观兮[3]，冀一反之何时[4]？鸟飞反故乡兮，狐死必首丘[5]。信非吾罪而弃逐兮[6]，何日夜而忘之？

学习任务

1. 清代徐焕龙在《屈辞洗髓》里评价："《哀郢》于《九章》中最为凄惋，读之实一字一泪也。"你读后有这样的感觉吗？请结合具体诗句谈一谈。

2. 《淮南子》："鸟飞反乡，兔走归窟，狐死首丘。"《古诗十九首》："胡马依北风，越鸟巢南枝。"本诗中的"鸟飞反故乡兮，狐死必首丘"所表达的意思与这两句相似。思考一下，屈原借此表达了什么情感呢？

---

[1] 蹀躞（qiè dié）：小步行走。这里是奔走钻营的样子。

[2] 美：指贤臣。超远：很远，远远的。逾迈：犹愈迈，远行。

[3] 曼：眼光放远。流观：四处观望。

[4] 冀：希望。

[5] 首丘：相传狐死时头向着其所居处之山丘，以示不忘其所生之地。

[6] 弃：一本作"放"。

45

🔖 实践活动

研学活动·重走屈原路

【活动主题】

探寻屈原足迹，弘扬爱国精神

【活动内容】（三个项目，可任选一项或多项开展）

活动一：绘制屈原足迹

阅读屈原生平事迹、经典作品及相关传说，以小组为单位寻找几个重要的足迹点，绘制屈原足迹图。可选择以屈原故里为主线，围绕屈原出生地——秭归乐平里，寻找一系列与屈原相关的地点，如香炉坪（屈坪）、屈原宅基、读书洞（响鼓溪畔）、照面井（屈公遗井）、玉米田（屈田）、纱帽雏、九畹溪、屈原祠等，感受屈乡美景，重走屈子生活足迹，表达对屈原的景仰之情；也可选择以屈原流放的足迹为线，如郢都、夏浦、鄂渚、枉渚、辰阳、溆浦、汨罗等，感受屈原不畏困难、忧国忧民的伟大情怀。

活动二：重走屈原之路

选择几个重要地点，开展研学旅行活动，"重走屈原路，编织屈原梦"，引领学生感受屈原坚定的爱国精神和人格品德。

1. 屈原经典作品朗读会（屈原祠吟诗会）。
2. 屈原经典作品课本剧表演（《故楚山河》《溆浦弦歌》）。

活动三：探寻屈子之路

结合屈原《离骚》中的"路曼曼其修远兮，吾将上下而求索"等，引导学生看世界，看远方。在一路探寻的过程中继续前进，发现原来屈风楚韵的原乡，就是我们迷茫时希望停留的精神圣地，就是我们孤独时渴望抵达的灵魂故居。屈原文化的精髓与中华文明的丰盈同步发展，在肥沃的中华大地一如既往地生根发芽，蓬勃生长，并一步步走向世界。

【交流分享】

1. 举办手绘足迹图展览，以及手抄报、小诗、游记等作品评比展示。
2. 交流"重走屈原路"的感悟与启迪。
3. 小组讨论："从一个地名看屈原的情怀留存"。

第五课
光争日月　流芳百代

❀ 故事汇

投江殉国汨罗泪①

流放江南的屈原来到了辰阳，这是一个偏远的小地方。在此，他听到一个坏消息：他心中最关注的国君——楚怀王已经客死在秦国！

这个突如其来的消息，就像晴天的霹雳，把屈原的心击碎了！他顿时昏了过去。不知过了多久，屈原苏醒过来，穿上一套素洁的孝服，头上披着一绺黄麻，摇摇晃晃地走出自己的茅棚，行至一座荒山脚下，割了半捆丝茅草，回去扎了一个草人，再拿出他做三间大夫时，怀王为嘉奖他，赐给他的一套绮罗衣冠，穿戴在草人身上。这就是他心中敬仰的"怀王"。然后他设了灵堂，烧了敬茶，净了手脚，把"怀王"供在神位上，把敬茶贡奉在灵位前，再按照楚国的民俗，咬破中指，滴了九滴鲜血在草人身上，唱起了为怀王招魂的《招魂》歌。

屈原在一阵高歌狂舞之后，疲惫极了，昏昏沉沉地倚在柴门上。乡民们扶着诗人回到他的茅草棚里，熬更守夜伴着他。

过了些时候，屈原的病稍好了一点。他想起了昭睢说的：怀王在秦王面前拒绝割让楚国的黔中郡，才被秦王囚禁起来。如今竟死于秦国。为了表达对怀王的崇敬和怀念，屈原决定立即启程去看一看黔中这块地方。

清晨他从辰阳出发，整整走了三天，才到了黔中郡的溆浦。这里山脉起伏，沟壑纵横，屈原年迈体弱，又饥又寒，虽然他举步艰难，可是，他每天

---

①本文系民间传说故事，具有虚构性质。

都在山边泽畔踱步。他深深地爱着这里的一山一水，一草一木。炽烈的爱国热忱在他的胸中燃烧着。屈原热爱人民、热爱祖国的真挚情怀，痛恨奸邪的凛然正气，以及思念怀王的衷肠，国破家亡的忧伤，促使他写出了《涉江》《哀郢》等许多著名的诗篇，还修改完善了鸿篇巨制《离骚》。

几个月后，秦兵攻占了黔中郡的一部分地方，情势非常危急，屈原有被秦兵俘获的危险。他怎能忍受当亡国奴的奇耻大辱呢？因此，他拖着衰老多病的身体，再下沅江，西渡洞庭，又入湘水。

屈原在前面行，秦兵在后边追。他和马夫、龙驹都失散了。他决定独自回到郢都，回到他的故里——秭归，他要死在自己出生的土地上。

境况越来越恶劣，屈原忧愤成疾，气衰力竭。他脸也不洗，头也不梳，衣也不扣，鞋也不穿，披头散发，昏昏沉沉地不知又走了多少时候，终于在顷襄王二十一年（前278），也就是秦将白起攻占楚国郢都的这一年，农历五月，来到了长沙东北面的汨罗江边，满怀忧戚和不甘写下了《怀沙》。

屈原对着江水，弹冠，整衣，束发，然后捧起一捧清凉的江水，洗了洗脸。此刻，他的心潮就如脚下的汨罗江水，滚滚滔滔，一往无前。

他又顺着弯曲的汨罗江，来到一片布满沙砾顽石的江滩上。他弯下腰去，伸出古松皮般的手，颤巍巍地抚摸着一块光洁溜滑的石头，因为这里的石头是最干净最圣洁的。他解下玄袍，铺在沙滩上，把那块光洁的石头包了起来，用衣带紧紧地系着，抱在怀中，就像是抱着他的可爱的祖国……

屈原抱着石头说："我要学殷代的彭咸，到水中去寻觅一块干净的地方。我要追随贤明的怀王，哪怕九重天门、十个烈日、千里流沙！"

屈原用尽全身力气，纵身跳进了汨罗江！

惊雷乍起，狂风怒号，人们闻讯从四面八方赶来，划着小舟，争先恐后地打捞屈原的遗体。这一天正是农历五月初五，人们叫它"端午节"。据说人们为了悼念诗人屈原，一个个泪如泉涌，眼泪流得太多了，因此南方每年五月初要涨一次"端阳水"。

从此以后，一年一度的端午节，老百姓都要在江河湖泊上划龙舟，寻觅伟大的爱国诗人屈原。

化身抗秦擂鼓台 [1]

擂鼓台位于屈原的诞生地湖北省秭归县乐平里，为"三闾八景"之一。擂鼓台在香炉坪下的响鼓溪西岸，与响鼓岩、珍珠帘等形成一组姊妹景点。响鼓溪的淙淙水声，听起来犹如擂鼓台的咚咚鼓声。而在这悦耳的鼓声里，还诉说着一个和屈原有关的动人故事。

楚顷襄王二十一年（前278），秦将白起攻克郢都，楚国君臣仓皇逃走，屈原闻讯，怀石投江。次年，白起火烧夷陵，纵火烧毁楚先王陵墓，然后继续挥师西进，进攻楚国的巫郡和黔中郡。

楚国百姓奋起抵抗，激战之夜，乡民们忽然听见了咚咚鼓声，一阵紧过一阵，犹如集结千军万马的号角。乡民们从四面八方向鼓声响起的地方靠拢，将擂鼓台团团围住。忽然看见擂鼓台上升起一面巨大的鼍（tuó）鼓，气势如虹的屈原，抡起鼓槌拼命地击打，咚咚鼓声震四野。乡民们为屈原的爱国精神所感动，刀光剑影辉映夜空，喊杀之声震撼大地，秦军吓得丢盔弃甲，望风而逃。一轮红日怒涌而出，鼍鼓化为石鼓，屈原无影无踪。

屈原化身回乡击鼓抗秦的一幕，在屈原故里传为佳话。

第三单元 气贯长虹的精神坐标

---

①本文系民间传说故事，具有虚构性质。

❀ 作品精读

离骚（节选2）

屈 原

　　屈原在《离骚》中反复申述自己远大的政治理想，诉说在政治斗争中受到的迫害，批判现实的黑暗，并借对幻想境界的描绘，表达了自己对楚国的热爱之情，对理想的积极追求之志，以及对反动腐朽势力毫不妥协的斗争精神。《离骚》既表现出积极浪漫主义精神，又基于传统文化的底蕴，给人以言有尽而意无穷之感。它开创了中国文学上的"骚"体诗歌形式，对后世产生了积极而深远的影响。

　　本篇节选的是上半部分"现实的世界"第四意段。作品倾诉了对楚国命运和人民生活的关心，"哀民生之多艰"，叹奸佞之当道、君王之昏庸。在这里，屈原强调法度绳墨，表明与没落腐化的贵族势力的斗争不可调和，正邪不可相容，前途必然坎坷。但"亦余心之所善兮，虽九死其犹未悔"，屈原不屈服、不妥协并准备为此而牺牲的精神跃然笔端，令人震撼。

　　长太息以掩涕兮[1]，哀民生之多艰[2]。余虽好修姱以鞿羁兮[3]，謇朝谇而夕替[4]。既替余以蕙纕兮[5]，又申之以揽茞[6]。亦余心之所善兮[7]，虽九死其犹未悔[8]。怨灵修之浩荡兮[9]，终不察夫民心[10]。众女嫉余之

---

[1] 太息：叹息。

[2] 民生：百姓的生活。一说"民生即人生"。

[3] 修姱：修洁而美好。鞿羁（jī jī）：约束，不放纵。

[4] 謇：句首语气词。谇（suì）：谏诤。替：废弃，贬斥。

[5] 蕙：香草名，俗名"佩兰"。纕（xiāng）：佩在身上的带子。

[6] 申：重复，加上。茞（chǎi）：香草名，即白芷。

[7] 善：作动词用，认为美好有价值。

[8] 虽：即使。九死：死亡多次。

[9] 灵修：指楚怀王。浩荡：原指水泛滥横流，这里指行为荒唐无准则。

[10] 民心：人心。《楚辞》中"民"多指"人"。

蛾眉兮[1]，谣诼谓余以善淫[2]。固时俗之工巧兮[3]，偭规矩而改错[4]。背绳墨以追曲兮[5]，竞周容以为度[6]。忳郁邑余侘傺兮[7]，吾独穷困乎此时也[8]。宁溘死以流亡兮[9]，余不忍为此态也[10]。鸷鸟之不群兮[11]，自前世而固然[12]。何方圜之能周兮[13]，夫孰异道而相安[14]？屈心而抑志兮[15]，忍尤而攘诟[16]。伏清白以死直兮[17]，固前圣之所厚[18]。

》 学习任务 《

1. 深情朗诵本诗，最好能背诵。再找一段音乐，在班级开展配乐诗朗诵。
2. 在诗中找出你感触最深的句子，做读书卡片，加上旁批，记录感想。

[1] 蛾眉：指蚕蛾的触角，细长而弯曲。这里借指女子的秀丽。

[2] 诼（zhuó）：诽谤。

[3] 固：本来。时俗：世俗。工巧：工于机巧。

[4] 偭（miǎn）：违背。规矩：法度。错：同"措"，措施。

[5] 绳墨：木工所用正曲直之具。引申为判断是非的标准。曲：邪曲。

[6] 周容：苟合取悦于人。度：法度，准则。

[7] 忳（tún）：忧愁的样子。郁邑：烦恼苦闷。

[8] 穷困：指走投无路。

[9] 溘（kè）：突然。流亡：随水漂流而去。

[10] 此态：指前面的"周容"，即苟合取悦之态。

[11] 鸷鸟：指雄鹰之类，以喻忠正。不群：指不与众鸟同群。

[12] 前世：古代。

[13] 圜：同"圆"。周：相合。

[14] 孰：何，哪有。异道：不同的道路，指志向不同。

[15] 屈：使……委屈。抑：压抑。

[16] 尤：责骂。攘：忍受。诟（gòu）：侮辱，辱骂。

[17] 伏：同"服"，保持，坚守。死直：为正道而死。

[18] 厚：嘉许；推重。

☯ 实践活动

"龙舟竞渡" 系列活动

【活动主题】

龙舟竞渡健体魄，奋勇争先强精神

【活动内容】

龙舟，是端午节竞渡用的龙形船。赛龙舟是端午节的主要习俗。

了解龙舟的命名由来、龙舟的形制和规格，尝试制作龙舟模型，参加、体验划龙舟活动。

活动一：索引求实

1. 借助学校图书馆和互联网，查阅并了解龙舟的命名由来，做成资料卡片。

2. 思考"龙舟"这一命名与中国传统文化的联系，与同学们交流。

活动二：精工巧思

1. 查阅资料，了解龙舟的形制、规格和主要构造特点。

2. 尝试制作龙舟模型。

活动三：竞渡争先

1. 有条件的学校，可以组织学生开展划龙舟项目的训练，增强团队协作意识。

2. 有条件的学校，可以组织学生参加龙舟赛，增强集体荣誉感，培养奋勇争先精神，达到强身健体的目的。

【交流分享】

1. 以班级为单位将活动成果汇集甄选，编一期有关龙舟的手抄报。

2. 以学校为单位，举办一次龙舟模型的图片、实物展览。

3. 每个参加划龙舟训练或比赛的同学写一篇参训或参赛日记，在班级内分享。

惊采绝艳的文学遗产

作为中国文学史上第一位伟大的爱国主义诗人，屈原开辟了诗人从"大雅歌唱"的集体创作到"浪漫独创"的个体创作的新纪元。屈原以其"深固难徙的爱国情怀、哀民多艰的民本思想、上下求索的实干精神、洁身自好的清白节操"，对中国人民的伟大精神面貌，对中国优秀浪漫主义文学传统的形成，乃至对世界文学都产生了极其巨大而深远的影响，诚如刘勰（xié）所说，"其衣被词人，非一代也"。

本单元的学习主题是"惊采绝艳的文学遗产"，包括"地域特色　兼容并包""民族风骨　浪漫情怀""诗歌鼻祖　文化启蒙"三大方面的内容。本单元提供的"屈原游历之地与'楚辞'的方言特色""屈原的爱国情怀与其诗歌的浪漫主义手法""'骚体'的诞生及对后世文学的影响"等内容，仅仅是为大家提供一个个学习抓手，应该通过课堂和实践活动落实到位。

屈原"惊采绝艳的文学遗产"远不止于此，大家可以通过阅读屈原作品和相关研究资料，力求有更多独到的发现。

第六课
地域特色　兼容并包

🔯 研究性学习

屈原游历之地与"楚辞"的方言特色

依据文化地理学和地域文化理论，一个地方的地理条件、自然景物、人文景观、风土人情等，必然对文化的产生、发展、传播、吸纳等产生重要影响，文学自然也逃不过这一规律。那么，研究屈原的游历之地及对屈原创作的影响、以屈原为代表的"楚辞"作品中的方言等地域文化特色，就是题中应有之义，也是一件很有意义的事情。

根据有限的资料，屈原除了在家乡秭归出生、成长，在郢都朝堂为官外，还有这样几次"游历"经历：一是作为外交使节，曾两次出使齐国〔第一次大约是在楚怀王十六年（前313）之前，与齐国结盟以对付秦国；第二次大约是在楚怀王十八年（前311），修复与齐国因张仪离间而被破坏的盟友关系〕；二是被楚怀王疏远，自我流放到汉北一带；三是被楚顷襄王流放到江南沅湘地区。

在家乡秭归读书、生活，在郢都为官，受浓郁楚地文化气息的熏陶，对屈原思想情感、语言风格等的深刻影响自不待言。两次出使齐国，使命在肩，来去匆匆，也算不上什么"游历"，也未见有力的证据证明屈原有什么作品是完成于这两次出使期间，或受这两次出使事件和地域文化的影响。

大约在楚怀王二十四年（前305），因谗被疏、深感在朝廷无法立足的屈原自请流放到汉北。根据《离骚》"吾将远逝以自疏"，司马迁《史记·屈原贾生列传》"自疏濯淖污泥之中，蝉蜕于浊秽，以浮游尘埃之外"，以及屈原《抽思》"有鸟自南兮，来集汉北"等表述，可确证屈原到过汉北。当然，这里的"自疏"是被逼无奈，实则是"王疏"。"自疏"期间，屈原究竟在汉北到了哪些地方，是怎么生活的，他在想什么，有哪些作品是在此期间创作的，我们不得而知。一般认为，《天问》是在此时创作的，而《抽思》也是这次流放期间的作品。大约在楚怀王二十九年（前300），屈原被召回，故有楚怀王三十年（前299）屈原谏阻怀王入秦之事。

汉北即汉水，在郢都以东折而东流一段的北面，其地域由东南往西北，极为辽阔。现今天门、应城、京山、云梦等地，即"汉北云梦"，其地西北距楚故都鄢郢（今湖北宜城）不远，那里是楚国先王之庙及公卿祠堂。汉北之地其东南地域自然属于楚文化圈，而其西北地域则属于北方文化带的秦文化圈和中原文化圈。对在楚文化圈里土生土长的屈原来说，汉北西北的地域文化有着别样的风采和魅力，尤其是秦文化的刚健之风和中原文化的纯正之风，不可能不对屈原诗歌中体现的理想、正气、傲骨等产生影响。但就该地域文化的语言风格及创作实绩看，屈原诗篇受到的影响微乎其微，可以忽略不计。

楚怀王三十年（前299）屈原谏阻怀王入秦，为其第二次被流放埋下了祸根。由于怀王受其小儿子子兰怂恿入秦而被扣押，在齐国做人质的太子熊横被迎回即位，楚国朝廷内部反秦、亲秦两派的矛盾激化。反秦的屈原对于子兰劝楚怀王入秦一事心有不满，耿耿于怀；亲秦的子兰、上官大夫就在顷襄王面前谗毁屈原，导致屈原于顷襄王元年（前298）被第二次流放。这次屈原被流放到江南尚属荒僻地区的湘江、沅江流域，时间长达二十余年，当地的风土民情等地域文化，对屈原的创作影响很大。而且这次被流放之后，屈原直到自投汨罗江，都没有再被召回朝堂，但这并不妨碍他对楚国命运的关心、对君主的眷念、对故国的热爱，以及对敌国和乱臣贼子的痛恨！

这次流放的路线，屈原所到达的地方等，相关历史资料欠缺，无法一一确定。但根据作者的《哀郢》可知，他从郢都出发，先往东南顺江而下经过夏首（今湖北沙市东南）、遥望龙门（郢都的东门），经由洞庭湖进入长江，然后又离开了夏浦（今湖北汉口）。根据《涉江》，可知屈原曾登上过鄂渚（今湖北武昌），后来辗转进入今湖南省境内，乘船逆沅江而上，又到过枉渚（今湖南常德南），后来又到过辰阳（今湖南辰溪西）和溆水（在今湖南省）沿岸。到了生命的最后阶段，屈原又折回流浪到了汨罗江畔的玉笥山（今湖南汨罗市西北），也有人认为，《天问》《离骚》等重要作品就是在这里最后整理完成的。顷襄王二十一年（前278）仲春，楚国都城郢被秦将白起大军攻破，顷襄王东逃陈城。为此，屈原写下了《哀郢》。屈原感到救国无望，理想破灭，现实无奈，自己又不愿随波逐流，遂于这年农历五月初五作《怀沙》，后自投汨罗江。

无论是屈原出生、生活和学习的秭归，还是他为官的郢都，抑或他被流放二十余年的沅湘之地，都处于典型的楚文化圈内，楚国浓郁的地域文化、楚地特殊的方言词汇、楚歌民谣，尤其是沅湘地区的风土人情，给屈原的创作带来了深远影响：具有兼容并包思想的屈原，在本身受中原儒家文化滋育（这在《离骚》中有明确体现）之外，他善于吸纳楚文化中一切值得借鉴的因子，在《诗经》之外培育出了全新诗体——"楚辞"这一浪漫主义的花朵。

大量使用楚地方言是"楚辞"最显著的特点，是"楚辞"之所以成为"楚辞"的标志。楚文化圈及楚国各地地域文化正是以方言为载体，影响"楚辞体"诗歌创作及发展的。屈原诗篇正鲜明地体现了对楚地方言的包容与吸纳，这是屈原对中华民族文学语言的创造性贡献。如《离骚》中语气词"兮"字的运用，不但数量多，而且成为语言形式上的一个显著特点，其地域特色不言而喻。而"兮"字在句中不同位置的运用，对诗的节奏变换和表情达意，都具有特定的作用——或在句中或在句尾，帮助调节音节和节奏，有时还能起到某种结构助词的作用，非常灵活且富于表现力。以屈原诗篇为代表的"楚辞"，还运用了很多独具地方色彩的双声、叠韵等联绵词，也增加了诗句音节的和谐美。在形式上，除《橘颂》《天问》外，屈原诗篇打破了《诗经》以四言为主的格律，利用民歌的自然韵律，发展成了多有五言和七言的杂言句式。三字一顿的节奏中包含了后来五言诗"二、三"句式和七言诗"二、二、三"句式的重要基因。每句有动词，抒情言志，自主灵活，文学意味深厚，最终使它成为我国古代诗歌句式发展的方向，为后世诗歌的健康蓬勃发展提供了借鉴和养分。

孟子说过，"颂其诗，读其书，不知其人，可乎？是以论其世也"（《孟子·万章下》），明确提出阅读他人作品要"知人论世"。而读屈原作品，尤其要"知人论世"，除了解屈原生平遭际外，更要对屈原"游历"之地尤其是被流放之所进行研究，因为屈原的绝大部分作品都是在流放之地完成的，很多诗篇的体制、风格、语言等，也因深受地域文化影响而呈现出别样风采。

请根据上文的导引和启示，按要求完成以下研究性学习任务：

一、根据《史记·屈原贾生列传》《史记·楚世家》等史料，结合屈原具体作品内容和地理学知识，研究探讨屈原被流放到沅江、湘江流域所到达的具体地方，以及这些地方有着怎样具体的风土民情，并最终完成一篇不少于1200字的研究性学习论文，在班上交流分享。

二、研读《离骚》《九歌》《九章》等屈原作品，统计其中具有代表性的楚方言词汇，探讨这些词汇的使用规律和在具体诗篇语境中的作用，并以《"楚辞"作品中代表性方言词汇及其作用》为题，写一篇不少于800字的小论文，在班上交流分享，并投稿到学校网站或当地政府网站。

汉北迷雾赤子情①

迷迷茫茫的原野上，有一个人在慢慢地走着。和这反常的天气一样，这人脸上也罩着一片愁云。他目睹人民的灾难，忧虑国家的未来，眷念着故土、郢都和怀王。他就是被楚王放逐到汉北的屈原大夫。

这天，他独自在原野上漫步，一直走到和韩国接壤的一个边亭里。如果再向北行，不出半里路，过一条小溪，就是异邦国土了。过去怀王派他出使齐国，就是从这儿向北取道韩国的，没想到如今却辗转流落在这块土地上。俗话说：天阴黑得早，人愁老得快。只因忧国忧民，加上被放逐后，生活十分清苦，刚三十出头的屈原，看上去已经像四十多岁的人了。这次他走得实在太远，直到天快黑了，才回到他在汉水边暂时落脚的那间小土房里。

谁知屈原刚进门，就发现在自己写的简策上面，放了一百刀币，小书案上还放着一坛美酒。这是谁送来的？是谁在暗中关照自己呢？先不管这些吧。屈原美美地喝了一顿。他知道一定是不愿意自己知道的朋友在暗中帮助。这一夜他睡得又暖又香。

第二天一早，屈原对乡亲们说了此事。大家听了，都说这是老天爷长了眼睛，在暗中关照他。屈原却不相信，他随时留神这件事，要自己弄个水落石出。

从这以后，隔三岔五，就有人暗中给屈原送酒送钱。屈原的日子过得好了一些，可是他还是无法知道是谁在帮助自己。

一次，屈原在小丘旁漫步，发现有一个人影跟在后边，不远不近，走走停停。屈原不知是吉是凶，忽然想到跟踪自己的人与家里出现的酒和刀币也许有联系。于是，他转过小丘，藏进了一片林子，想把后边跟踪的人看个明白。可这人很警觉，远远地站住了。屈原只得走出林子，继续朝前走去。那人又不远不近地跟在后边。

屈原走到一条小河边。为了摆脱后边跟踪的人，他快步登上了独木小桥。屈原不知道独木桥已经朽坏，"咚"的一声响，他跌进小河里，眨眼就沉了

---

① 本文系民间传说故事，具有虚构性质。

下去……

　　当屈原睁开眼睛的时候，他发觉睡在自己屋里的门板床上，床边坐着一个农夫模样的陌生人，正在打着呼噜。准是这人熬更守夜照料自己，才这么疲劳，大白天坐着打起瞌睡来。忽然陌生人醒了，发现屈原睁开了眼睛，他又喜又惊，连忙给屈原倒茶、温酒、做饭。当他把酒菜茶饭做好端到屈原床前之后，就不辞而别了。

　　屈原想：这个日夜守护的人，很可能就是经常跟踪自己的那个人。

　　屈原的身体逐渐恢复过来。这一天，他写完了《思美人》，心绪依然很沉重，又到荒野上去漫游。他信步向北，不觉又来到楚韩的边亭。他老远就看到小凉亭内坐着一个人。身边放着一个精致的小包袱，脸朝北眺望着小河那边的韩国边亭。他似乎没发现屈原的到来。屈原觉得这人的背影很熟悉，连忙上前探看。那人倏然回过身来，欠身施礼道："屈大夫，愚弟恭候很久了！"

　　屈原愣了片刻，原来这自称"愚弟"的人，正是照料自己的那位陌生农夫。屈原回礼道："谢恩人！"

　　"不敢不敢！"农夫摘下头上的长巾，自我介绍说："愚弟就是江北望霞峰的景柏。"

　　原来是景柏！他乡遇故知，屈原异常惊喜。这位十多年前曾在颂橘坡一起品橘、颂橘的少年朋友，如今竟然在自己最贫困、最郁闷的时候，暗中来关照自己，屈原激动得泪如泉涌。他紧紧地拽住景柏，同坐在亭中的石鼓上，推心置腹地叙谈起来。

　　景柏关切地问："兄长，溺水后你身体好些了吧？"

　　屈原问道："是你救我出水的？"

　　景柏微微地点点头。

　　"我家中的刀币、醇酒都是你送的？"

　　景柏又微微地点点头。

　　屈原凝望着这位少年时的朋友，激动得不知说什么好！好一会儿才问景柏，当年带回家去的百株橘苗如今长得怎么样了？

　　"绿叶素荣，纷其可喜兮。曾枝剡棘，圆果抟兮。"景柏用屈原当年《橘颂》的两句诗回答屈原。屈原听了，顿时兴味勃然，他已经有好些时候没有这么爽心适意了。

突然，景柏遥指天空对屈原说："平兄快看，天空飞来了什么？"屈原抬头一看，原来雾蒙蒙的天上飞着一只纸鸢。橘园，风筝，少年朋友，这些勾起了屈原多少童年美好的回忆啊！

"不好，风筝断线了——"景柏忽然惊呼起来。纸鸢往北边飘飘悠悠坠落，就要飞入韩国的天空了。

"走，平兄，快捡风筝去。"

屈原应声而起，追逐着断线的纸鸢。景柏看着屈原北去的背影，暗自高兴。他立即挎上包袱，跟着屈原向北走去……

陡然间，屈原在小河边停住了脚步。原来小河那边就是韩国了。

景柏追上去劝道："平兄，快过河吧，我们何不学这断线的纸鸢——远走高飞！"

"你说什么？"屈原顿时明白了景柏的真意，"你要我离开自己的国土？"

景柏委婉地说："平兄，你资质超群，忠贞效国，却落个流放异乡、身陷荒野的下场。你又何苦在这刺窝里死守呢？"

屈原说："有句俗话，吃尽滋味盐好，走尽天边娘好！你没听说过吗？"

"平兄，如今你在楚国是一棵草，到他国就会变成一个宝呀！"

说话间，韩国那边驶来了一乘彩车，从车上走下来一个人。这人蹚过小河，来到屈原面前说："屈公，我本韩国微臣，奉韩王之令，前来边亭迎您前往，共商韩国大事。"

原来，当年屈原任左徒，结识了韩国臣僚，深受他们的敬重。如今屈原遭难，他们都很同情他，想迎屈原前去共同辅佐韩王，治理天下。可是屈原谢绝说："望诸君尽力协助君王，共守'合纵'盟约，联合抗秦。我是楚国人，应该留在自己的国家！"

韩国使臣无言对答，只望景柏出来劝一劝。

景柏一年前游说到了韩国，得到了韩王的信赖，当了相国。不久前，他听说屈原已被楚王放逐汉北，便化装成农夫前来暗中周济屈原，寻找机会，劝说屈原弃楚入韩。他见屈原谢绝了韩国使臣的邀请，便在一旁苦劝道："平兄，如今盛行楚材晋用，当年孔先师还周游列国呢。张仪是魏国人，百里奚是虞国人，他们都在秦国当了相国。苏秦是洛阳人，挂了六国的相印。如今

61

楚王是非不明，把你放逐到这个荒凉的地方，并非你不愿为楚国效力。何况，大丈夫志在四方，好男儿天下为家，只要能得到君王的信赖，实现自己的抱负，在哪个国家不都一样吗？"

"人各有志，你去追求自己的抱负吧！"屈原怒斥道。

"平兄，你不要把好心当作歹意，我是豁出命来救你的。"

"我生是楚国人，死是楚国鬼，决不做背弃故国的人！"

景柏哑口无言。

屈原接着说："受命不迁，深固难徙，你忘了吗？我怎能学你和张仪、苏秦之流，朝秦暮楚，二三其德呢！"屈原又长长地叹了一口闷气，十分痛心地说："唉，相识满天下，知己能几人？可惜我们少年时的橘园颂诗，竟像清风过耳一般，并没留在你的心头！"

说罢，屈原拂袖而去，回到他汉北的小土房里，重新修改他的《思美人》。

⚛ 作品精读

九歌 · 湘君

屈　原

　　《湘君》是《九歌》中的一首，与《湘夫人》是姊妹篇，是屈原的代表作之一。相传，帝尧之女娥皇与女英为舜之二妃，舜巡视南方，二妃未随行。后追至洞庭，闻舜死于苍梧，遂自投湘水，成为湘水之神。湘君与湘夫人，究竟为谁，多有争论，但二人均为湘水之神则无疑。

　　《湘君》和《湘夫人》均写企盼等待对方而不来所产生的深切思慕与哀怨神伤。

　　本篇是祭祀湘君的诗。全诗表达了湘夫人思念湘君时临风企盼，久久等候，却不见心上人依约而来的哀怨神伤之情。

　　君不行兮夷犹[1]，蹇谁留兮中洲[2]？美要眇兮宜修[3]，沛吾乘兮桂舟[4]。令沅湘兮无波[5]，使江水兮安流[6]。望夫君兮未来[7]，吹参差兮谁思[8]？驾飞龙兮北征[9]，邅吾道兮洞庭[10]。薜荔柏兮蕙绸[11]，荪桡兮兰旌[12]。

---

[1] 君：指湘君。夷犹：迟疑不决。

[2] 中洲：即"洲中"。洲，水中可居之地。

[3] 要眇（yāo miǎo）：美好的样子。宜修：修饰得恰到好处。

[4] 沛：船行迅疾状。桂舟：桂木制成的船。

[5] 沅湘：沅江和湘江，均在今湖南境内。

[6] 江水：长江。下文"大江""江"，与此同。安流：安静流淌。

[7] 夫（fú）：语助词。

[8] 参差：此指排箫，因箫管排列高低错落不齐而得名，相传为舜所造。

[9] 飞龙：雕有龙形的船只。北征：北行。

[10] 邅（zhān）：回转，指改变行程。

[11] 薜（bì）荔：蔓生香草。柏（bó）：同"箔"，（船舱）门帘。蕙：香草名。绸：帷帐。

[12] 荪（sūn）：香草，即石菖蒲。桡（ráo）：短桨。旌：旗杆顶上的饰物。

望涔阳兮极浦[1]，横大江兮扬灵[2]。扬灵兮未极[3]，女婵媛兮为余太息[4]。横流涕兮潺湲[5]，隐思君兮陫侧[6]。桂櫂兮兰枻[7]，斫冰兮积雪[8]。采薜荔兮水中[9]，搴芙蓉兮木末[10]。心不同兮媒劳[11]，恩不甚兮轻绝[12]。石濑兮浅浅[13]，飞龙兮翩翩[14]。交不忠兮怨长[15]，期不信兮告余以不闲[16]。朝骋骛兮江皋[17]，夕弭节兮北渚[18]。鸟次兮屋上[19]，水周兮堂下[20]。捐余玦兮江中[21]，遗余佩兮醴浦[22]。采芳洲兮杜若[23]，将以遗兮下女[24]。时不可兮再得[25]，聊逍遥兮容与[26]。

---

［1］涔（cén）阳：地名，在涔水北岸，洞庭湖西北。极浦：遥远的水边。

［2］横：横渡。扬灵：即"扬舲"，扬帆前进。一说显扬精诚。

［3］极：至，到达。

［4］女：湘夫人的侍女。婵媛（chán yuán）：眷念多情状。

［5］横：横溢。潺湲（chán yuán）：水流缓慢状。

［6］隐：暗中。陫（fěi）侧：即"悱恻"，内心悲伤状。

［7］櫂（zhào）：同"棹"，长桨。枻（yì）：短桨。

［8］斫（zhuó）：砍，指凿开。

［9］采薜荔兮水中：在水中采摘陆生的薜荔，意谓用力虽勤而无功，下句意同。

［10］搴（qiān）：拔取，采集。木末：树梢。

［11］媒：媒人。劳：徒劳。

［12］恩：情谊。甚：深厚。轻绝：轻易断绝。

［13］石濑（lài）：石上急流。浅（jiān）浅：水流湍急状。

［14］翩翩：轻盈快疾状。

［15］交：交往，交友。长：深。

［16］期：相约。信：信守。不闲：没有空暇。

［17］骋骛（wù）：急驰。皋：水旁高地。

［18］弭（mǐ）节：停止鞭策使马缓行。弭，止。节，马鞭。渚：水中小洲。

［19］次：止息，栖息。

［20］周：周流，环绕流淌。

［21］捐：抛弃。玦（jué）：环形而有小缺口的玉佩。

［22］佩：佩饰。醴（lǐ）：即澧水，在今湖南省，流入洞庭湖。

［23］芳洲：香草丛生之洲。杜若：香草名。

［24］遗（wèi）：赠予。下女：下界之女，凡女。一说，指身边侍女。

［25］再：一作"骤"，屡次，多次。

［26］聊：暂且。逍遥：从容漫步。容与：悠闲自适状。

1. 背诵《湘君》。

2. 马茂元《楚辞选》认为："湘君和湘夫人为配偶，是楚国境内所专有的最大的河流湘水之神。这一神祇最初也和天上的云日之神一样，只不过是初民崇拜自然的一种意识形态的表现，后来由于人事上的联系，以及有关的古代传说渐渐充实了它的内容，这样神不但和人一样有了配偶，而且渗透了神与神之间悲欢离合的故事因素。"你认可马老先生这一观点吗？请查证相关资料，有理有据回答此问题，不少于 400 字。

九歌·湘夫人

屈 原

《湘夫人》是《九歌》中的一篇，是《湘君》的姊妹篇，为屈原的代表作之一。全诗表达了湘君思念湘夫人，望而不见、遇而无因的悲苦之情，哀婉动人。

帝子降兮北渚[1]，目眇眇兮愁予[2]。袅袅兮秋风[3]，洞庭波兮木叶下[4]。登白薠兮骋望[5]，与佳期兮夕张[6]。鸟何萃兮薠中[7]，罾何为兮木上[8]？

---

[1] 帝子：指湘夫人。舜妃为帝尧之女，故曰。渚：水中小洲。

[2] 眇眇：望而不见状。愁：使……愁。

[3] 袅袅：一作"嫋嫋"，风吹拂状。

[4] 波：名词作动词，生波。木叶：树叶。下：落下。

[5] 薠（fán）：一种濒水秋草。骋望：纵目远望。

[6] 佳：佳人，指湘夫人。期：期约。张：张设（帷帐）。

[7] 萃：集。薠（pín）：水草名。鸟不集树上而集水草中，言其反常。

[8] 罾（zēng）：捕鱼的网。罾不在水中而在木上，言其反常。此二句借反常现象，暗示所愿不得。

沅有茝兮澧有兰[1]，思公子兮未敢言[2]。荒忽兮远望[3]，观流水兮潺湲[4]。麋何食兮庭中[5]？蛟何为兮水裔[6]？朝驰余马兮江皋[7]，夕济兮西澨[8]。闻佳人兮召予[9]，将腾驾兮偕逝[10]。筑室兮水中，葺之兮荷盖[11]。荪壁兮紫坛[12]，播芳椒兮成堂[13]。桂栋兮兰橑[14]，辛夷楣兮药房[15]。罔薜荔兮为帷[16]，擗蕙櫋兮既张[17]。白玉兮为镇[18]，疏石兰兮为芳[19]。芷葺兮荷屋[20]，缭之兮杜衡[21]。合百草兮实庭[22]，建芳馨

[1] 茝（chǎi）：即白芷，一种香草。澧（lǐ）：澧水。

[2] 公子：犹帝子，指湘夫人。

[3] 荒忽：不分明的样子。

[4] 潺湲：水缓慢流动的样子。

[5] 麋（mí）：似鹿之兽，俗称"四不像"。麋庭中吃食系反常。

[6] 水裔：水边。蛟离深渊而在水边，亦属反常。

[7] 皋（gāo）：水边高地。

[8] 澨（shì）：水边。

[9] 佳人：指湘夫人。

[10] 腾驾：驾着马车奔腾飞驰。偕逝：同往。

[11] 葺（qì）：编草盖房子。盖：指屋顶。

[12] 荪壁：用荪草饰壁。紫坛：用紫贝铺庭。

[13] 椒：一种香木。成：同"盛"，涂饰。

[14] 栋：房屋脊柱。橑（lǎo）：房屋的椽（chuán）子。

[15] 辛夷：木名，初春开花。楣：门上横梁。药：白芷。

[16] 罔：同"网"，编织。帷：帷帐。

[17] 擗（pǐ）：剖开。櫋（mián）：隔扇，屏风。

[18] 镇：镇石，压坐席之物。

[19] 疏：疏散，散布。石兰：一种香草。

[20] 芷葺：以白芷加盖在屋顶上。

[21] 缭：缠绕。杜衡：香草名，即杜若。

[22] 合：聚。百草：指众芳草。实：充满。

兮庑门[1]。九嶷缤兮并迎[2]，灵之来兮如云[3]。捐余袂兮江中[4]，遗余褋兮醴浦[5]。搴汀洲兮杜若[6]，将以遗兮远者[7]。时不可兮骤得[8]，聊逍遥兮容与。

学习任务

1. 背诵《湘夫人》。

2. 本诗第三节（自"筑室兮水中"至"灵之来兮如云"），详细描绘了湘君用各种香草为湘夫人装饰爱巢的过程，这表现了他怎样的心情？请结合全诗简要分析，不少于100字。

3. 感兴趣的同学，可将《湘君》和《湘夫人》改编成双人对唱歌剧，并扮演角色演出。

---

[1] 馨：散布较远的香气。庑（wǔ）：厢房。

[2] 九嶷（yí）：湘水南之山名，传说中舜的葬地，此指九嶷山神。

[3] 灵：指众神。如云：形容众多。

[4] 袂（mèi）：衣袖。赠送衣物为古人爱情习俗。

[5] 褋（dié）：贴身内衣。醴浦：澧水边。"醴"同"澧"。

[6] 汀（tīng）：水中或水边平地。

[7] 远者：指湘夫人。

[8] 骤得：屡得。

❋ 实践活动

屈原思想文化论坛

【活动主题】

传承屈原文化 赓续屈原精神

【活动内容】

借助《史记·屈原贾生列传》《史记·楚世家》以及屈原《离骚》等作品，探究屈原思想文化的具体内涵，并进行讨论交流，最终形成有一定价值的探究成果。要求学生全员参与。

活动一：查阅文献，摘录资料

查阅学校图书馆或当地其他图书馆、研究机构有关屈原思想文化的图书资料，如《史记·屈原贾生列传》《史记·楚世家》及屈原《离骚》《天问》《九章》《九歌》等作品，参阅屈原文化研究相关成果，摘录相关资料，做成资料卡片，手写卡片、电子卡片均可，并分类汇总，以备后用。

活动二：提炼观点，形成文字

根据汇总的分类资料，提炼出屈原思想文化内涵的具体观点，初步形成小论文。

活动三：讨论交流，碰撞完善

召开一次班级讨论会，分小组讨论相关观点。讨论重点有二：一是观点得出是否必然，即相关材料是否真实体现了屈原的某种思想；二是某个观点的表述是否恰当和完善。

活动四：正式研讨，分享交流

学校组织专门评委会评选，举行专门集会颁奖，并举办"屈原思想文化研讨会"，宣讲获奖论文。

【交流分享】

1. 除在班级、年级等研讨会上交流外，研究论文可在校园电台、电视台播送，在校报、学校网站等学校平台上发表。

2. 将精选出的获奖论文在报刊、网站等上推送发表。

第七课
民族风骨　浪漫情怀

❀ 研究性学习

屈原的爱国情怀与其诗歌的浪漫主义手法

作为中国历史上第一位诗人的屈原，是一位伟大的爱国主义者，也是我国历史上第一位杰出的浪漫主义诗人。可以说，是屈原炽烈的爱国主义情怀浇灌出了他震古烁今的浪漫主义诗篇。爱国主义和浪漫主义在屈原诗篇中完美和谐地统一为一个有机整体，几千年来，深深影响着中华民族，融入了中华民族的骨血之中，成为中华民族屹立于世界民族之林的民族基因。

屈原生活在战乱纷争的战国时期，楚国人强烈的忧患意识和不屈的抗争精神，早已成为屈原的生命底色，这使他从小就有忠君报国、振兴祖国的远大抱负。为官后，他怀揣"美政"理想，"竭忠尽智，以事其君"，得到了楚怀王的信任，官至左徒，"明于治乱，娴于辞令。入则与王图议国事，以出号令；出则接遇宾客，应对诸侯"。他推行变法，荐贤用能，同腐朽的贵族势力展开了激烈而艰难的斗争，凭借自己杰出的政治才干和外交才能为楚国的强大贡献了力量。

世事难料，害怕楚国继续强大威胁到自己利益的秦国卑劣的离间，利益受到触及、妒贤嫉能的同僚无耻的诋毁，鼠目寸光、信谗任佞的君王轻率的疏远贬黜，使他"信而见疑，忠而被谤"，高远的抱负无法实现，杰出的才能无以施展。但他从来没有向邪恶势力低头，从来没有改变过自己忠君爱国的节操，从来没有改变过自己对廉正光明品行的坚守，从来没有改变过自己对美好事物的歌咏和对生活诗意的追求；直到最后他怀石投江，魂归汨罗，他都没有改变过。这就是屈原，这就是民族的脊梁！正如他自己所说，"宁溘死以流亡兮，余不忍为此态也"，"虽体解吾犹未变兮，岂余心之可惩"。

更为可贵的是，即使身处逆境，困厄惨怛，也改变不了屈原对文学的炽爱。他把自己以廉正自守、忠君爱国为核心的所有炽烈情感，尤其是"众人皆醉而我独醒"式的悲情体验，都以浪漫主义的激情，熔铸到了他那些伟大的诗篇中，滋养着世世代代的中华儿女，浇灌着中华民族文明之花。

屈原诗篇中的浪漫主义，赓续上古时代先民神话传说、民间故事和民风民俗等浪漫主义滥觞，而又有自己独立的崭新开创。是屈原以《离骚》为代表的"楚辞体"诗歌，为我国文学开创了伟大的浪漫主义优秀传统，这一传统与《诗经·国风》为代表的伟大现实主义传统相并而行，对我国文学、文化乃至文明，产生了深远的影响，后世常以"风骚"并称，代指文学。诚如刘勰《文心雕龙·辨骚》所言，屈原"衣被词人，非一代也"。鲁迅先生在《汉文学史纲要》中也说屈原作品，"逸响伟辞，卓绝一世"，"其影响于后来之文章，乃甚或在《三百篇》以上"。以一人之力，而对后世文学、文化乃至文明有如此深远而巨大的影响，在人类文明史上，的确是非常罕见的！

屈原诗篇的浪漫主义，主要表现在以下几个方面：

第一，诗篇内容的浪漫主义取材。屈原很多诗篇，如《离骚》《天问》《九歌》《招魂》等，其内容多涉及神话传说、楚地风俗等，《离骚》中的羲和、望舒、丰隆、飞廉、县圃、崦嵫（yān zī）、咸池、扶桑、若木、鲧、羿、虬等神灵异物，《九歌》中的东皇太一、云中君、东君、大司命、少司命、湘君、湘夫人、河伯、山鬼等神祇，尤其是《天问》集中保留的大量神话材料，等等，都使屈原诗篇具有了厚重的浪漫主义底色。

第二，歌咏对象的浪漫主义呈现。屈原诗篇所描写歌咏的对象，不管是对抒情主人公自身，还是对其他对象，作者常常采用一种迥异于现实主义的方式呈现出来。比如，把抒情主人公自己写得具有神性，可以上天入地，可以和神灵对话；把神灵又写得具有人性，有着人的七情六欲和言行举止；还可以如《天问》中在许多神话传说的基础之上提出困惑疑问，等等。从而使得屈原的诗篇有一种出尘的灵性和气息。

第三，谋篇运思的浪漫主义想象。屈原诗篇在布局谋篇和运思行文方面，有着极为大胆奇特、绚丽多姿的想象，将神话传说、历史人物、自然景物等，编织成一个奇幻的诗意世界。比如《离骚》中抒情主人公那一次次壮观的天界之游，羲和弭节，望舒先驱，飞廉奔属，丰隆乘云，巫咸夕降，八龙婉婉……还有《九歌》中众多神灵绚丽的着装、奇异的行为、迷离的境界等，为我们绘制了一幅幅雄伟壮丽奇幻的图景，从而使其诗篇具有一种迷蒙缥缈、奇幻瑰丽的美学特征。

第四，表现手法的浪漫主义运用。屈原诗篇在表现手法层面，一是在张扬"楚语"特色的基础上，擅长铺陈华美艳丽、色泽鲜明的辞藻来丰富自己作品内容，增加诗歌的美感；二是屈原发扬诗歌比兴手法而光大之，大量使用以比兴为基石的象征手法创作诗歌，曲折含蓄反映现实，抒发情感。正如东汉王逸所说，"善鸟香草以配忠贞，恶禽臭物以比谗佞，灵修美人以媲于君"（《〈楚辞章句·离骚经〉序》），从而达到司马迁所说的"其称文小而其指极大，举类迩而见义远"（《史记·屈原贾生列传》）的创作目的。并且，屈原笔下的"香草美人"意象结合了巫祭传统的原始宗教情感体验以及作者自己的复杂情感体验，形成了为后世文人广泛认同的源远流长的"香草美人"文学传统。

第五，抒情言志的浪漫主义倾吐。屈原诗篇将抒情和言志相结合，情感表达和环境描写相交融，内心独白和虚设问答相夹杂，时而有绘声绘色的夸张铺叙。他将自己"深固难徙的爱国情怀、哀民多艰的民本思想、上下求索的实干精神、洁身自好的清白节操"，用浪漫主义的情感倾吐无限放大，使得抒情主人公在其诗篇中的抒情言志显得自然、真挚而热烈，没有半点违和感，扫除文字障碍后，带给读者的是乐于接受的强烈情感共鸣和意境的亲和感。

作为中华儿女，尤其是作为伟大的爱国主义诗人屈原的家乡人甚至后裔，我们有必要，更有义务和责任将屈原"深固难徙的爱国情怀、哀民多艰的民本思想、上下求索的实干精神、洁身自好的清白节操"的文化基因继承、发扬和光大。除我们在日常生活、学习和工作中要秉承这些精神修身行事外，有一个基本的前提，就是我们要认真研读屈原作品。在诵读、品读、研读这些作品的过程中，受到屈原精神的濡染与滋育，内化于心，形成自己清洁高尚的精神；外化于行，为他人做表率，为社会做示范，成为文明典范。

请根据上文的导引和启示，并参阅其他研究屈原作品的文章或著作，完成以下研究性学习任务：

一、认真研读《离骚》《国殇》《涉江》《哀郢》，并参阅《史记·屈原贾生列传》《史记·楚世家》相关内容，探讨屈原爱国主义的精神内涵和具体表现，形成以"我看屈原的爱国主义精神"为主题的研究性文章，并在班会上或年级专题活动中发言交流。

二、在学习有关浪漫主义手法基本知识的前提下，认真研读《离骚》和《天问》，区分其现实主义和浪漫主义的表达特点，探讨诗中浪漫主义手法之于爱国主义情怀的作用，以"浅谈屈原诗篇的浪漫主义色彩"或"屈原《离骚》爱国情怀的浪漫主义表达"为题，写一篇不少于800字的文章，在班上交流分享，并投到学校网站或当地政府网站。

❀ 故事汇

孜孜以求叩"天问"①

楚国故都鄢郢每年的祭祖活动都十分隆重，春秋两季都要洒扫王庙，准备好整牛、整猪、整羊，稻、黍、稷、粱、酒等祭品，焚香秉烛，鸣炮奏乐，行叩首之礼，祭祀先祖。

这一年的春祭日，太卜郑詹尹主祭。屈原知道老太卜博闻强识，见多识广，就在祭祖前向他提出了一连串疑问。这些问题涉及政治经济、天文地理、术算占卜等，连学富五车的太卜也闻所未闻，无言以对，只好敷衍屈原说：你最好去问问上天吧，可能老天爷会给你一个满意的回复！

屈原参加先王祭祀仪式后，久久不能平静，留在鄢郢先王庙里独自徘徊，反复观看庙墙上的壁画，心中的疑问堆积得越来越多，于是扣壁而问天公："远古开端的情形是谁将它传述？天地尚未成形又用何法考察？明暗混沌不分谁能追踪原因？……天在哪儿与地交会？十二区域何以划分？……大厉疫鬼伯强住在何处？解民倒悬的和顺之气又在哪里？……"

---

① 本文系民间传说故事，具有虚构性质。

屈原声若撞钟，气势恢宏，震得先王庙风铃一阵叮当作响，直达天庭。天帝闻声也被问得瞠目结舌，只得命令紧闭南天门，谢绝回答这位当世狂人的尖锐问题。霎时间，天昏地暗，风狂雨骤，电闪雷鸣。屈原的高冠被风吹落，衣带被吹得飘忽不定，他披散着头发，举着长长的佩剑，毫不退缩，仰天长啸。

屈原走出先王庙，站在疮痍满目的大地上，一口气提出了一百七十多个问题，从遂古之初的天地万象，到三皇五帝的存亡兴替，从楚王室的民生改革现实，到绮丽缥缈的神话传说，不眠不休地整整问了三天三夜，暴风雨也伴随他下了三天三夜。天帝看着这位百折不挠的坚强斗士，有了几分怜惜之意，喝令云君、雷神、雨师和风伯退后，吩咐打开天门。被雷雨肆虐三整天的楚国这才拨云见日，重见阳光。

楚国民众为纪念屈原问天帝、斗风雷、为民请命的事迹，将楚王庙改建成了"天问台"，每至风雨交加之夜，似乎还能隐约听到屈原问天的浩然正气之声。

在宜昌五峰长乐坪，现建有一座现代研学教育与古典书院文化相契合的"天问书院"，也是对屈原的一种礼敬。

九歌·山鬼

屈　原

《山鬼》是《九歌》中的一篇，写山鬼等待所爱之人不来，忧思悲哀而独自归去的情景。楚国神话中有巫山神女的传说，本篇所刻写的可能就是早期所流传的神女形象。

若有人兮山之阿[1]，被薜荔兮带女萝[2]。既含睇兮又宜笑[3]，子慕予兮善窈窕[4]。乘赤豹兮从文狸[5]，辛夷车兮结桂旗[6]。被石兰兮带杜衡[7]，折芳馨兮遗所思[8]。余处幽篁兮终不见天[9]，路险难兮独后来。表独立兮山之上[10]，云容容兮而在下[11]。杳冥冥兮羌昼晦[12]，东风飘兮神灵雨[13]。留灵修兮憺忘归[14]，岁既晏兮孰华予[15]。采三秀兮于山间[16]，石磊磊

---

[1] 人：指山鬼。山之阿（ē）：山谷。

[2] 带：佩带。女萝：蔓生植物，香草。

[3] 含睇（dì）：含情而斜睨。宜笑：得体的笑，笑得很美。

[4] 子：你，山鬼称自己爱慕的人。窈窕：娴雅美好貌。

[5] 赤豹：毛赤纹黑的豹。从：使从，带着。文狸：毛色黄黑相杂的狸猫。

[6] 辛夷：香木名。结桂旗：结桂枝为旗。

[7] 石兰、杜衡：皆香草名。

[8] 芳馨：芳香的花草。

[9] 幽篁：幽深的竹林。篁，竹林。

[10] 表独立：独立突出的样子。表，突出。

[11] 容容：烟云缓慢飘飞的样子。

[12] 杳：幽深。冥冥：昏暗状。羌（qiāng）：语助词。

[13] 飘：急速回旋地吹。雨（yù）：作动词用，下雨。

[14] 灵修：此指山鬼等待之人，即下文之"公子"。憺（dàn）：安然。

[15] 晏（yàn）：晚；岁晏，人老。华予：让我像花一样美丽。华，花。

[16] 三秀：灵芝，传说一年开三次花，服食能延年益寿。秀，开花。

兮葛蔓蔓[1]。怨公子兮怅忘归[2]，君思我兮不得闲。山中人兮芳杜若[3]，饮石泉兮荫松柏[4]，君思我兮然疑作[5]。雷填填兮雨冥冥[6]，猨啾啾兮狖夜鸣[7]。风飒飒兮木萧萧[8]，思公子兮徒离忧[9]。

◆◇◆ 学习任务 ◆◇◆

1. 背诵《山鬼》。
2. 根据作品的基本意思，发挥想象，将本诗改编成短剧。

天问（节选）

屈 原

《天问》是屈原《离骚》之外的又一首重要长诗，是一篇很有特色的浪漫主义杰作，郭沫若认为它"要算空前绝后的第一等奇文字"。据王逸《楚辞章句》，屈原被逐，自放汉北，忧心愁惨，彷徨山泽。汉北其地西北距楚故都鄢郢（今湖北宜城）不远。屈原到鄢郢拜谒了楚国先王之庙及公卿祠堂，看见祠庙墙壁画有天地、山川、神灵、怪物、古代圣贤等，心有所感，当即题词，写下此篇，以抒写忧思，排解愤懑。至于为何题为《天问》而不是《问天》，据王逸《楚辞章句》解释："何不言'问天'？天尊不可问，故曰'天问'也。"《天问》提出了一百七十多个问题，涉及天文、地理、历史、

---

[1] 磊磊：山石众多攒聚状。蔓蔓：蔓延滋长状。

[2] 公子：指山鬼等待之人，后同。怅忘归：主语是山鬼。

[3] 山中人：山鬼自称。芳杜若：芬芳如杜若。

[4] 荫松柏：被松柏荫蔽，言住在松柏树下。

[5] 然疑作：我信疑交加。然，相信。作，起。

[6] 填填：雷声。雨冥冥：指阴雨绵绵，天色昏暗。

[7] 猨：同"猿"。啾啾：猿叫声。狖：长尾猿。

[8] 飒飒：拟声词，风声。萧萧：风吹树木摇动之声。

[9] 徒：徒然。离：遭受。

哲学等多方面，显示了作者广博的学识、大胆的疑问和深邃的思考。

　　课文节选的是开头22句。这部分大体是屈子对自然界的事物发问，并联想到与自然有关的神话与历史传说，文章富有变化，联想丰富而有情致。

　　曰：遂古之初，谁传道之[1]？上下未形，何由考之[2]？冥昭瞢暗，谁能极之[3]？冯翼惟象，何以识之[4]？明明暗暗，惟时何为[5]？阴阳三合，何本何化[6]？圜则九重，孰营度之[7]？惟兹何功，孰初作之[8]？斡维焉系，天极焉加[9]？八柱何当，东南何亏[10]？九天之际，安放安属[11]？隅隈多有，谁知其数[12]？天何所沓？十二焉分[13]？日月安属？列星安陈[14]？出自汤谷，次于蒙汜[15]。自明及晦，所行几里[16]？夜光何德，死则又育[17]？厥利维

————————————

[1] 遂古：远古。遂，远。传道：传述。

[2] 上下：指天地。形：形成。

[3] 冥昭：指昼夜。瞢（méng）暗：昏暗。极：穷究，看透。

[4] 冯（píng）翼：元气盛满状。象：无实体而想象的形。

[5] 时：同"是"，这样。何为：为什么。

[6] 三合：参错相合。三，通"参"。本：本原。化：化生。

[7] 圜（yuán）：指天。九重：九层。营度：筹谋规划。

[8] 兹：此。何功：怎样的事功，指多么宏大的工程。

[9] 斡（wò）：车轴承。维：绳。天极：天的南北极。加：安放。

[10] 八柱：古代传说大地有八根擎天柱。当：在。亏：缺损。

[11] 九天：古谓天有九层。际：边界。属：连接。

[12] 隅：角落。隈（wēi）：弯曲的地方。

[13] 沓：（与地）相合。十二：古人把天分十二区域。

[14] 属（zhǔ）：附着。陈：分布。

[15] 汤（yáng）谷：即"旸谷"，神话中太阳升起之处。蒙汜（sì）：神话中太阳止息之所。

[16] 明：天亮。晦：夜晚。行：运行。

[17] 夜光：月亮。德：德行。死：指月缺。育：指月圆。

何，而顾菟在腹^[1]？女岐无合，夫焉取九子^[2]？伯强何处？惠气安在^[3]？何阖而晦？何开而明？角宿未旦，曜灵安藏^[4]？

学习任务

1. 背诵这篇节选作品。

2. 统计一下，屈原的《天问（节选）》提出了多少个问题？根据你所掌握的天文地理等知识，回答屈原提出的一个或几个问题，写一篇不少于800字的科普小论文。

---

[1] 厥：其，指月。顾菟（tù）：畜（xù）养玉兔。菟，同"兔"。

[2] 女岐：神话中的神女，无夫而生九子。

[3] 伯强：大厉疫鬼。惠气：和顺之气。

[4] 角宿（xiù）：二十八宿之一，东方青龙的首宿，由两颗星组成，夜里出现在东方；古代传说两颗星之间为天门。旦：天亮。曜（yào）灵：太阳。

🈶 实践活动

现实主义与浪漫主义大讨论

【活动主题】

现实主义与浪漫主义大讨论

【活动内容】

阅读《诗经·国风》和屈原《离骚》《天问》《九歌》等作品，感受其不同的创作风格，参阅相关文献资料，基本了解现实主义与浪漫主义的区别及联系。在此基础上，请专家做专题报告并现场和听众互动，进一步认识屈原作品的浪漫主义特质。要求学生全员参与。

活动一：阅读作品，初步感知

花两周时间，认真阅读品析《诗经·国风》主要诗篇和《诗经·雅》部分篇章，以及屈原《离骚》《天问》《九歌》等作品，从诗歌题材内容、表现手法、语言风格等方面，初步感知现实主义与浪漫主义各自的基本特点。

活动二：查阅参证，分类赏析

依据初步感知的现实主义与浪漫主义各自的基本特点，参阅《诗经》和《楚辞》相关研究成果，从《诗经·国风》和屈原作品中各选一首诗歌，分析其风格特点，各写一篇不少于800字的赏析文章，并将优秀作品分班汇集成册。

活动三：专家讲座，互动提升

延请校内外专家特别是大学或研究机构的相关专家，到学校举行有关"现实主义与浪漫主义的区别及联系"的专题讲座。学生事先将自己阅读作品、写赏析文章中遇到的问题或困惑，分类筛选整理，在专家讲座结束后，进行互动，由专家现场释疑解惑，以提高同学们的研学境界。

活动四：吟诵分享，广电传声

各班初选出20%的作品参与评奖活动。评奖总数占初选作品的50%；评奖分数由教师评委分数和学校在籍学生网上评分相加构成，其中，教师评委会评分占70%，学生网上评分占30%；奖次根据评分由高而低按3：4：3的比例决定。备课组组织老师评选出推荐文章的50%，印刷成书，以作学习、交流、纪念之用。

评选结果出来后，由学校发文表彰，举行专门集会颁奖，并诵读一等奖作品。活动要求有正规的会场布置、活动议程，有学校领导和相关知名人士出席，有前期宣传和同期报道（充分利用平面媒体和立体媒体）。对互动时的典型问题及专家解答，要整理好纸质文稿和电子文档，以便进一步学习和存档之用。

【交流分享】

1. 所有获奖作品，除在班级、年级等研讨会上交流外，还可在校园电台、电视台播送，在校报、学校网站等学校平台上发表。若学校条件允许，可将获奖的优秀赏析作品印刷成书，作为学生重要的学习成果，发给学生学习或留作纪念；亦可将其收藏到学校校史陈列室作为重要的校史资料。

2. 鼓励利用社会媒体资源，将精选出的获奖作品在报刊、网站等上推送发表。特别优秀的，推荐在正规专门期刊或重要门户网站上发表。

第四单元 惊采绝艳的文学遗产

第八课
诗歌鼻祖　文化启蒙

❀ 研究性学习

"骚体"的诞生及对后世文学的影响

　　所谓"骚体"，即"楚辞体"。它是屈原在楚歌的基础上，通过自己大量的天才创作而确立的一种有别于《诗经》的独特而崭新的文学样式，并因其代表作《离骚》一诗，而被后人称为"骚体"。可以说，作为我国的诗歌鼻祖之一，屈原就是名副其实的"'骚体'之父"！

　　"骚体"的基本特点是：①句式参差不齐，除《橘颂》《天问》以四言为主，《国殇》全诗均为七言（如果把"兮"字算上）外，其他以杂言为主，多为五言、七言诗句，便于抒情言志；②多使用楚地特有的语气助词"兮"字，而且因在句中、前句末尾和整句末尾，而又有不同的作用；③具有鲜明的楚国地方色彩，所谓"书楚语，作楚声，记楚地，名楚物"（宋黄伯思《校定楚辞序》），是在楚地民歌和乐舞的直接哺育下形成的；④借鉴神话的表现手法，形成浓郁的浪漫主义色彩，以《离骚》《天问》和《九歌》最为突出；⑤强烈的抒情性，将比兴、象征等间接抒情和直抒胸臆融为一体，如鲁迅就称《离骚》是"凭心而言，不遵矩度"（鲁迅《汉文学史纲要》）。

　　"骚体"被称为"楚辞体"，乃因《楚辞》之名。其实，屈原在创作时，并没有标明为"楚辞"；他的学生宋玉（作《九辩》），包括后世的淮南小山等，均没有将其作品称为"楚辞"——虽然他们的诗作体式和风格都是一样的。直到汉成帝时，大学问家刘向将屈原、宋玉，以及西汉淮南小山、东方朔、庄忌、王褒以及刘向本人的辞赋汇集成集，定书名为《楚辞》，"楚辞"的名称才正式确立下来。我们现在能见到的最早的《楚辞》注本，为东汉王逸的《楚辞章句》。除了前面提到的作家外，该注本还收录了贾谊的《吊屈原赋》《鵩（fú）鸟赋》和王逸自己的《九思》（含九篇作品）。

"骚体"这种新诗体，较之以四言体为主的《诗经》，"则其言甚长，其思甚幻，其文甚丽，其旨甚明……其影响于后来之文章，乃甚或在《三百篇》以上"（鲁迅《汉文学史纲要》）。虽然仅就体裁而言，战国以后，"骚体"便呈现出日趋衰微之势，但"骚体"诗尤其是屈原的《离骚》等作品卓越的艺术成就，对后世文学，无论是中国文学，还是世界文学，都产生了巨大而深远的影响，具有文化启蒙的意义。

第一，"骚体"诗最大的影响是，于《诗经》开创的伟大的现实主义文学传统之外，开创了我国文学史上伟大的浪漫主义传统。它的出现，极大地丰富了我国文学创作的艺术表现力，尤其是对诗歌的发展有着极其重大的意义。而且这种浪漫主义是积极向上的，而不是消极颓废的。屈原将自己"深固难徙的爱国情怀、哀民多艰的民本思想、上下求索的实干精神、洁身自好的清白节操"融入诗篇之中，使得这种浪漫主义因底色厚重、内容充实、情感真挚而更加熠熠生辉。

第二，"骚体"诗，尤其是屈原的《离骚》《涉江》《哀郢》《国殇》《橘颂》等伟大作品所表现的爱国主义精神和清洁自守的理想主义，成为哺育后世文人的精神食粮和重要创作母题，并使爱国主义和理想主义以高唱入云的姿态，植入中华民族的基因之中。

第三，"骚体"诗的出现，是我国文学发展史、诗歌发展史上的一个重大标志性事件。在《诗三百》（即汉儒命名的《诗经》，此前也称《三百篇》）诞生之后的几百年间，与蓬勃发展的散文创作相比，诗坛上却是"《风》《雅》寝声"，一片沉寂。直到战国后期，以屈原《离骚》等为代表的"骚体"诗的诞生，才使一度萧条的诗坛"奇文郁起"，重现辉煌。可以说，"骚体"诗一出现，就成为我国文学史上一种独开风气的革命性文学样式。它前承《诗三百》，并加以发扬和革新，进而开启了我国诗歌史上继《诗经》之后的第二个重要时期，成为战国时期"一代之文学"；后启汉赋，成为后世"赋"体文学形成、发展的胚胎和渊薮。同时，作为"骚体"诗创始者，屈原开启了我国诗歌史上由集体歌唱到个人独创的崭新时代。这种创作的主体意识，无疑促进了文学的发展与繁荣。

第四，"骚体"诗浓郁的地方特色，使得它在诗的正统色彩之外，独树一帜，别开生面。"书楚语，作楚声，记楚地，名楚物"的"楚辞"，以其强烈的民族特色、鲜明的地域色彩、民歌的乐舞手法，以及"酌奇而不失其真，玩华而不坠其实"的文质统一，为我国后世文学的发展打开了另一扇瑰丽之窗。刘勰《文心雕龙·辨骚》概括了"楚辞"对后世的影响："其衣被词人，非一代也。故才高者菀（yù）其鸿裁，中巧者猎其艳辞，吟讽者衔其山川，童蒙者拾其香草。"此当为中的之论。

第五，"骚体"诗同样对世界文学产生了重要影响。虽然古代中国长期与世隔绝，且对外国人而言，汉字古奥难学，影响了中国文学尤其是古代文学在世界范围内的传播，但随着中国逐渐回归国际社会乃至世界中心，特别是 1953 年屈原以诗人身份被世界和平理事会作为当年纪念的世界四位文化名人之一后，屈原以及他开创的"骚体"诗，就开始走向世界，受到广泛关注和研究，直接影响了世界文学和文化。

前苏联著名汉学家费德林在 20 世纪 70 年代提出了"屈原诗歌的独特性与全人类性"的重大课题，并成为从作品入手研究"楚辞"的代表人物。还有以美国汉学家詹姆士·R.海陶玮、劳伦斯·A.施奈德，英国汉学家戴维·霍克思、法国汉学家戴密微、德国汉学家卫德明等为代表的知人论世派，他们从作者政治生涯、君臣关系、创作背景等方面进行了深入研究。韩国对屈原及"楚辞"也颇有研究，比如 20 世纪 60 年代金时俊的《离骚论考》、范善均的《屈原论》、金鸿的《楚辞小考》等。日本对"楚辞"的研究更是源远流长，在江户时代（也称德川时代）便已进入了真正的"楚辞"研究，经过近代的"楚辞"研究盛行期（代表著作有冈松瓮谷的《楚辞考》和西村时彦的《楚辞集释》《屈原赋说》），直到当代的鼎盛期（代表著作有青木正儿的《新释楚辞》和赤塚忠的《楚辞研究》），为"楚辞"研究提供了不同视角。此外，对中国古典诗歌深有研究并深受其影响的美国意象派大诗人庞德，汲取中国古典诗歌意象融入诗歌创作，屈原笔下的"香草美人"自然也影响了他的审美思想和诗歌创作。

就创作者个体而言，屈原对后世影响之巨之深之远，非常人可及。从司马迁"推此志也，虽与日月争光可也"，到王逸"膺忠贞之质，体清洁之性，直若砥矢，言若丹青；进不隐其谋，退不顾其命，此诚绝世之行，俊彦之英也"；从刘勰"衣被词人，非一代也"，到李白"屈平词赋悬日月"；从鲁迅"其言甚长，其思甚幻，其文甚丽，其旨甚明……其影响于后来之文章，乃甚或在《三百篇》以上"，到毛泽东"屈原的名字对我们更为神圣。他不仅是古代的天才歌手，而且是一名伟大的爱国者：无私无畏，勇敢高尚。他的形象保留在每个中国人的脑海里，无论在国内国外，屈原都是一个不朽的形象。我们就是他生命长存的见证人"……历代先贤的宏辞伟论，无不彰显了屈原及其作品对后世、对整个中华民族乃至世界巨大而深远的影响。

请根据上文的导引和启示，参阅学者有关"骚体"（即"楚辞体"）作品及对后世影响的研究成果，按要求完成以下研究性学习任务：

一、研读《楚辞》作品，主要是屈原相关作品，具体探讨"骚体"的体制、语言、手法、风格等，以"小议'骚体'的文学特征"为题，写一篇不少于1000字的小论文，在班上交流分享。

要求：每种特征，都要有具体的诗篇内容做支撑。

二、参阅不同时期历史人物对屈原及其作品的评价，或不同时期国内外对"楚辞"作品的研究，选定一个点，以"'骚体'对……的影响"或"……《楚辞》研究概述"为题，写一篇不少于1200字的研究文章，在班上交流分享，并投稿到学校或当地政府网站。

🔴 故事汇

洁身自守濯缨泉 ①

传说在战国时期，长江三峡只有一条古栈道。沿路常有闹"鬼"的黑店，所以过往行人极少。

有一天，古栈道上走着两个人，一男一女，看上去都已年过半百了。他们面容憔悴，疲惫不堪，走走停停，停停走走，步履艰难，似乎很难越过前面那道古峡。

---

①本文系民间传说故事，具有虚构性质。

这两个人，一个是第二次被楚王放逐的楚国三闾大夫屈原，一个是屈原的姐姐女嬃。原来，怀王被囚禁在秦国后，楚国没有个主儿了，昭雎和屈原暗中派人去齐国把太子熊横接回郢都，立为楚王，这就是中国历史上的楚顷襄王。起先，顷襄王恢复了屈原三闾大夫的官职，和他一起共商国是。可是，不久他听信了郑袖、子兰一伙的谗言，又撤了屈原三闾大夫的官职，把屈原放逐到江南。忠贞爱国的屈原，从此开始了第二次流放生涯！女嬃得知后，受家人和乡里的委托，出西陵峡去洞庭湖寻找，经过长期查访，终于在枉渚找到了屈原。经她苦苦劝说，转达了乡亲对他的思念，屈原才答应回一趟秭归故里，以答谢亲人的情意。这一天，已是姐弟俩进三峡后的第三天了。女嬃带的印花土布的粮袋里，只剩下半块荞饼。她的雕花葫芦里，已经没有一滴水珠了。

两人好不容易越过古峡，顺山势，拣小路，向前慢慢地走着。只要下到山脚，再翻一座大山，就可以回到他们的家乡——秭归乐平里了。这时，饥渴不断地袭来，他们头上的虚汗，像一串串白色的珠子不断滑落，嗓子眼儿里冒着青烟。两人都感到四肢无力，举步艰难，只盼望有一掬清泉来一解干渴。

屈原在山路旁边坐了下来，喘着粗气，缓缓地解开他的帽缨，透了透热气。他虚弱的身子骨仿佛动弹一下都很难。

忽然间，从前边的山涧里，刮来一股清凉的山风。随着山风，传来了潺潺的流水声。听到这时隐时显的水声，屈原姐弟立时振作起来，急急忙忙地向前赶路。

刚转过一个小山包，就听到哗哗的泉水声，好像热忱的乡里人在召唤着远道归来的亲人。女嬃连忙解下雕花葫芦，向深涧奔去……

当屈原赶到山泉边的时候，女嬃已站在涧边，灌满了一葫芦泉水。

"不能喝，这是浑泉！"突然从山上传来一个妇人的喊声。屈原和女嬃异常奇怪，这荒山野谷哪来的人呢？他俩同时循声向上一看，只见在山腰的浮云雾霭中，有一个头扎螺形高发髻、身着淡青长丝裙的女人，从一条小道疾奔下来。

女嬃这才向捧在手中的泉水一看，果真全是带泥含沙的混浊水。他们都很惊异，这三峡一带原是"有水皆清泉"的呀，为什么这个地方冒出一股浑水？

那妇人到了女婴跟前，施了礼，便道："客人，浑泉难饮，请到穷舍喝点淡茶！"

女婴猜不透这妇人的用意，就不加理会。屈原却对妇人拜了拜说："请问大嫂，这峡中山泉本是清凉甘露，过客皆知，为何独有此泉混浊？"

"哎呀，过路君爷，你们不知这浑泉的来由！"妇人打开话匣，含泪述说起来，"我们这一方的水土，养育了一个贤明的忠良，这就是当今楚国人人知晓的屈原大夫。他为人刚直，才智过人，不畏权贵，治国有方，一心想帮助国君振兴楚国。可是，朝廷出了奸佞，诬陷他，把他放逐了。就在他离开京城郢都这一天，这股龙泉突然变混浊了。峡中父老乡亲一传十，十传百，很快就传扬开了。都说当今君王昏庸，忠良远游，小人当道，世道乱了，清泉也变浑了。唉！这泉水喝不得呀，连洗衣衫都嫌混浊，最多也就只能洗洗帽缨，所以人们把它叫作'濯缨泉'。"

这位热心肠的妇人说完，又一次请屈原姐弟去她家里喝点淡茶，啃几块荞饼。

屈原听了这一番话，对这位妇人顿生敬佩之情，他走到混浊的泉边长叹道："举世皆浊，我们仍要坚守自身的洁净；众人皆醉，我们也要保持清醒啊！"

凭吊许愿女婴庙①

女婴是屈原的姐姐，比屈原大十多岁。女婴长得漂亮，人也很聪明，并且从小受到良好的教育，琴棋书画、诗词歌赋、耕织纺绣，样样都会，深得父母、弟弟及乡亲们的喜欢。

男大当婚，女大当嫁。屈原的姐姐女婴到了婚嫁的年龄，母亲不幸病故了，家里只有父亲和弟弟，弟弟还在读书，不能荒废了学业，女婴毅然决定终身不嫁，服侍父亲和照料弟弟。女婴平时下地干活，打猪草，砍柴火，认识了对面山上的一位姓刘的青年，时间一长，两人互生爱慕之心，但谁也没有开口。姓刘的男青年到了该成家的时候，他父母忙着为他张罗，一会儿

---

①本文系民间传说故事，具有虚构性质。

说村东的王姑娘，一会儿说仙女坪的李姑娘，可他说谁也不要，除非女嫘姑娘。刘家在当地也算是富户，但比起屈原的家庭，自然还差一点点。刘家的父母没办法，只好备了许多彩礼，硬着头皮请上了媒婆到乐平里说亲，女嫘的态度很坚决，为了父亲和弟弟，终身不嫁。媒婆只好回去照直回话，那姓刘的青年一下子木了，他也横下一条心，说："女嫘姑娘终身不嫁，我就终身不娶。"

过了好多年，他将死的时候对侄儿侄女们交代："我死后，把我的坟墓朝向乐平里，如果女嫘死了，你们就把她的遗体移过来，埋在我的旁边，实在不行的话，起码也要在我的坟旁修上一座庙，庙里供上女嫘的塑像。我还有点银两，你们留作将来的费用。"又过了些年，女嫘也死了，乐平里的乡亲们自然不允许把遗体弄走，刘家只好建一座庙。他们从凤凰溪采来了许多花岗岩石条，从五指山上砍了许多好木材。可路途既远又不好走，最快也要两年才能搬完这些材料，怎么办呢？

这件事一传开，被玉皇大帝知道了，很受感动，就派了两名大力神来到乐平里。两个大力神一个搬石头，一个搬木材，一夜的工夫，石头和木料全到了工地。但是工匠不够，乐平里的乡亲们听说后，一些以前受女嫘关照过的工匠艺人，都自觉地去帮忙。工匠们精心施工，描龙绘凤，精雕细刻，用了一年多的时间，将女嫘庙修好了。

每年到了端午节前后，人们不仅要凭吊屈原，还要到女嫘庙祭祀女嫘。平时有人头疼脑热，生灾遭难，也去女嫘庙烧香许愿，没想到一许就灵。消息传开后，百十里以外的人也跑来朝拜，女嫘庙香火不断。

如今，由于过于久远，女嫘庙已荡然无存，只剩下屋基了。庙里的一块碑文被好心人收捡，放在了乐平里的屈原庙里，存放起来。

作品精读

离骚（节选3）

屈 原

　　本篇节选的是《离骚》下半部"超现实的世界"第二完整意段。该部分写的是诗人走过漫漫长路、历经千辛万苦，上求天帝而不得的经历，隐喻现实中直接求见楚王，却因奸佞小人阻隔而失败，表现了诗人在政治上的努力挣扎与不断追求的顽强精神。其中，"路曼曼其修远兮，吾将上下而求索"，几千年来一直激励着中华儿女为远大目标、崇高理想而不断求索、不懈奋斗，成为中华文明宝库中熠熠生辉的精神瑰宝！

　　跪敷衽以陈辞兮[1]，耿吾既得此中正[2]。驷玉虬以乘鹥兮[3]，溘埃风余上征[4]。朝发轫于苍梧兮[5]，夕余至乎县圃[6]。欲少留此灵琐兮[7]，日忽忽其将暮[8]。吾令羲和弭节兮[9]，望崦嵫而勿迫[10]。路曼曼其修远兮[11]，吾将上下而求索。饮余马于咸池兮[12]，总余辔乎扶桑[13]。折

---

[1] 敷（fū）：铺开。衽（rèn）：衣服的前襟。

[2] 耿：光明。中正：圣人中正之道。

[3] 驷：四马驾的车，此用作"驾"。鹥（yī）：凤凰之类。

[4] 溘：掩，乘。埃风：挟带尘埃的风。上征：上天远行。

[5] 发轫（rèn）：出发。苍梧：即九嶷山，传说舜所葬之地。

[6] 县圃（pǔ）：神话传说中的神山，在昆仑山之上。

[7] 灵琐：神之所在处。

[8] 忽忽：倏忽，时间过得很快的样子。

[9] 羲和：神话中为太阳驾车的神。弭节：停鞭缓行。弭，止。节，鞭子。

[10] 崦嵫（yān zī）：神话中日落之山。

[11] 曼曼，同"漫漫"，遥远状。修：长远。

[12] 咸池：神话中太阳沐浴之处。

[13] 扶桑：神话中太阳升起之神树。

若木以拂日兮^[1]，聊逍遥以相羊^[2]。前望舒使先驱兮^[3]，后飞廉使奔属^[4]。鸾皇为余先戒兮^[5]，雷师告余以未具^[6]。吾令凤鸟飞腾兮，继之以日夜。飘风屯其相离兮^[7]，帅云霓而来御^[8]。纷总总其离合兮^[9]，斑陆离其上下^[10]。吾令帝阍开关兮^[11]，倚阊阖而望予^[12]。时暧暧其将罢兮^[13]，结幽兰而延伫^[14]。世溷浊而不分兮^[15]，好蔽美而嫉妒。

学习任务

1. 背诵《离骚（节选3）》。

2. 具体赏析节选部分的浪漫主义特色或选取一节赏析其语言，写一篇不少于500字的赏析短文。

---

［1］若木：神话中太阳落山处的树木。拂日：遮蔽日光。

［2］相羊（cháng yáng）：同"徜徉"，徘徊。

［3］前：在前面。望舒：神话中的月神。

［4］后：在后面。飞廉：神话中的风神。属（zhǔ）：跟随。

［5］鸾皇：鸾鸟和凤凰。皇，同"凰"。先戒：在前面警戒。

［6］雷师：神话中的雷神。未具：出行尚未准备齐全。

［7］飘风：旋风。屯：聚合。离：同"罹"，遭遇。

［8］帅：率领。云霓：泛指云霞。御（yà）：同"迓"，迎接。

［9］总总：聚集状。离合：忽散忽聚。

［10］斑：文彩杂乱，五彩缤纷。陆离：参差错杂状。

［11］帝阍（hūn）：天帝的守门人。开关：开门。关，门栓。

［12］阊阖（chāng hé）：神话中的天门。望予：望着我（不肯开门）。

［13］时：指天色。暧暧：昏暗的样子。罢：尽。

［14］结：编结。延伫：迟缓久立，徘徊流连。

［15］不分：是非不分。

实践活动

写一首赞颂、纪念屈原的小诗

【活动主题】

理解屈原　真情赋诗

【活动内容】

阅读《史记·屈原贾生列传》《史记·楚世家》以及屈原的《离骚》等作品，在体会屈原生存环境、生平际遇和思想情感的基础上，根据个人写诗偏好，创作一首歌颂屈原的诗歌，然后互诵互评，修改完善。要求学生全员参与。

活动一：复读文献，理解屈原

复读《史记·屈原贾生列传》《史记·楚世家》以及屈原的《离骚》等作品，进一步理解屈原其人、其情及人格魅力，选准屈原最能触动自己心灵的感点。

活动二：选择诗体，真情为诗

根据自己的诗歌写作偏好，抓住屈原最能触动自己心灵的感点，调动自己的人生体验，强化情感，自然为诗。

一般而言，建议同学们写新诗。但喜欢古典诗歌的同学，也可以采用古代诗体形式（如律诗和绝句，骚体诗、词、散曲等），但需查阅相关资料，或请求教师给予指导，要尽量合乎相关诗体的基本格式和韵律要求。

活动三：相互品评，完善作品

召开一次班级"歌颂屈原诗歌品评会"，分小组相互品评诗歌作品。要求：一是诵读并理解诗歌内涵，二是发掘诗歌亮点，三是指出其不足或应改进之处。品评会结束后，按同学品评的意见和建议，修改诗歌，使其臻于完美，以便参与后续评奖展示活动。每个人或每个小组的诗歌，分班汇集成册。

获奖诗作汇集成册，有条件的印刷成书，作为学生重要的学习成果，发给学生学习或留作纪念；亦可将其收藏到学校校史陈列室作为重要的校史资料。集会诵读获评一等奖的录音或录像资料，以光盘形态保存在图书馆和校史陈列室。

【交流分享】

1.评选出的一等奖诗作，除在年级或学校等专门集会上诵读外，还可在校园电台、电视台播送，在校报、学校网站等学校平台上发表。

2.鼓励利用社会媒体资源，将精选出的获奖诗作在报刊、网站等推送发表。特别优秀的，推荐在期刊或重要门户网站上发表。

走向世界的屈原文化

　　本单元学习主题是"走向世界的屈原文化",主要围绕"端午文化祭典""屈原精神传承"两方面展开。在内容编排上,突出屈原的精神价值,从屈原作品的阅读和鉴赏引导到屈原精神的传承;学习活动的设计,旨在引导学生更多关注屈原的精神内涵和精神影响。学习本单元,以导引文章为重点,以"研究性学习"为主要方式,促进思考和探究。在学习活动设计中,以课题研究为主要学习形式,主要目的在于发掘学生的学术潜质,培养学生的学术素养。

　　屈原是中国的,也是世界的。随着时代的发展,屈原会越来越成为世界人民仰望的精神灯塔。学习和研究屈原,应该成为中华学子的使命担当;传承屈原文化,光大屈原精神,更应该成为中华儿女自觉自省的责任。

第九课
龙舟竞渡　端午祭典

研究性学习

端午节的由来与发展

端午节由来已久，因伟大的爱国主义诗人屈原在农历五月初五日自投汨罗江，后世将端午节作为纪念屈原的节日。

"端午"一词，最早出现于西晋的《风土记》："仲夏端五，烹鹜角黍。"注："端，初也。俗重五日，与夏至同。""端"，古汉语有开头、初始的意思，称"端五"也即"初五"。因此，五月初五被称为"端五节"。宋末元初陈元靓编撰的《岁时广记》说："京师市廛（chán）人，以五月初一为端一，初二为端二，数以至五谓之端五。"又因古人习惯把五月的前几天分别以"端"来称呼，所以五（午）月的第一个午日，谓之"端午"。

古人设天干地支以契天地人事之运，天干承载天之道，地支承载地之道。古人纪年、纪月、纪日、纪时通用天干地支，夏历以正月为寅月，至五月逢"午"，故五月又称"午月"，午月午日谓之"重午"，而午日又为"阳辰"，所以端午也称为"端阳"。

据统计，端午节的名称在中国所有传统节日当中，叫法最多，达二十多个，如龙舟节、重午节、端阳节、端五节、重五节、当五汛、天中节、夏节、艾节、五月节、菖蒲节、天医节、草药节、女儿节、午日节、地腊节、正阳节、龙日节、粽子节、五黄节、诗人节、屈原日、躲午节、解粽节、端礼节等。

端午节与春节、清明节、中秋节并称为中国四大传统节日，同时又是流行于中国及东亚各国的传统文化节日。端午文化在世界范围内影响广泛，世界上其他一些国家或地区也有庆贺端午的活动，端午节已成为一个国际性的节日。端午节的起源，包含了古老的星象文化、人文哲学等多方面的内容，有着深邃丰富的文化内涵。在发展传承中杂糅了多民族的习俗，各地因地域文化的不同而存在着习俗和细节上的差异。

各地端午节习俗有：拜神祭祖、划龙舟、祭龙、采草药、挂艾叶菖蒲、打午时水、洗草药水（兰汤沐浴）、浸龙舟水、吃龙舟饭、食粽子、喝雄黄酒、放纸龙、放纸鸢、拴五色丝线、佩香囊、贴端午符剪纸、玩斗草、射柳、击球等。

据文献记载，最早将屈原和端午节联系起来的是南朝梁吴均的《续齐谐记》，从唐代欧阳询《艺文类聚》所引的《风俗通》佚文也可见。东汉灵帝时则端午民俗中已有纪念屈原的影子。在民俗文化领域，中国民众把端午节的龙舟竞渡和吃粽子等，都与纪念屈原联系在一起。

2006 年 5 月，端午节被列入首批《国家级非物质文化遗产名录》，自 2008 年起，成为国家法定节假日；2009 年 9 月，联合国教科文组织正式审议并批准把端午节列入《人类非物质文化遗产代表作名录》，湖北宜昌秭归"屈原故里端午习俗"是其中的重要内容。端午节是中国首个入选世界非物质文化遗产名录的节日。

请根据上文的导引和启示，按要求完成以下研究性学习任务：

一、研读屈原《离骚》《怀沙》和《史记·屈原贾生列传》，分析屈原的精神品格，阐述其精神品格的当代意义，写成一篇不少于800字的发言稿，在农历五月初五屈原纪念会上交流。

二、端午节除了纪念屈原以外，纪念孝女曹娥的说法也广为流传。请研读《后汉书·列女传·孝女曹娥》、王羲之《曹娥碑》及其他史料，并与"纪念屈原说"加以比较，尝试分析"节日祭典"的文化意义，在班级读书交流会上发言。

🏵 故事汇

龙舟竞渡为屈原 ①

公元前 278 年，秦军攻破了楚国都城，屈原始终不忍舍弃自己的祖国，于农历五月初五在写下绝笔之作《怀沙》后，怀石自投汨罗江。

屈原投江之后，楚国百姓哀痛异常，渔夫们划起船只，在江上来回打捞他的遗体。他们争先恐后，从汨罗江追至洞庭湖仍不见踪迹，但仍划行不辍，想借划龙舟驱散江中游鱼，以免大鱼吃掉屈原的身体。有位渔夫拿出为屈原准备的饭团、鸡蛋等食物丢进江里，说是让鱼龙虾蟹吃饱了，就不会去咬屈大夫的身体了。人们见后纷纷仿效。一位老郎中拿来一坛雄黄酒倒进江里，说是要药晕蛟龙水兽，以免伤害屈大夫。过了不久，水面上浮起了一条昏晕的蛟龙，龙须上还沾着一片屈大夫的衣襟，人们把这条恶龙拉上岸，抽了它的筋，然后把龙筋缠在孩子们的手腕和脖子上，又用雄黄酒抹七窍，有的还在小孩子额头上写上一个"王"字，使那些毒蛇害虫都不敢来伤害他们。后来因为怕饭团为蛟龙所食，人们想出用楝树叶包饭，外缠彩丝，最终定型为现在的粽子。

年深日久，这些习俗相沿至今。在屈原的家乡湖北宜昌秭归以及屈原投江之地湖南汨罗，端午节划龙舟等祭拜屈原的仪式庄严盛大，且经久不衰。

端午节划龙舟祭奠屈原的风俗，早在梁代吴均《续齐谐记》中就有记载："楚大夫屈原遭谗不用，是日（农历五月初五）投汨罗江死，楚人哀之，乃以舟楫拯救。端阳竞渡，乃遗俗也。"《隋书·地理志》中也有记载："屈原以五月望日（农历五月十五日）赴汨罗，土人追至洞庭不见，湖大船小，莫得济者，乃歌曰：'何由得渡湖？'因尔鼓棹争归，竞会亭上，习以相传，为竞渡之戏。"唐朝刘禹锡也说："竞渡始于武陵，至今举棹而相和之，其音咸呼云'何在'，斯招屈之义。"

古今相传，龙舟竞渡不仅成为人们喜闻乐见的传统习俗，还成为风靡世界的体育运动。2021 年，龙舟正式成为东京奥运会表演项目。

---

① 本文第 2 段系民间传说故事，具有虚构性质。

🌀 实践活动

感受丰富多彩的屈原祭典

【活动主题】

抚今追昔　继往开来

【活动内容】

通过回放每两年一次由文化和旅游部与湖北省人民政府共同主办的"屈原故里端午文化节"系列活动视频资料,感悟屈原的精神品格;通过实地参观游览屈原祠或参加"屈原故里过端午"等文化活动,亲身体验这些独特的纪念形式;通过书写观后感,内化于心,形成品格。

活动一:查阅文献,摘录资料

1.借助学校图书馆和互联网,进一步了解端午节的由来、活动形式沿革及其文化意义,做成资料卡片。

2.借助学校图书馆和互联网,进一步了解龙舟赛事活动在世界各地的举办情况,用表格的形式加以呈现。

活动二:观看视频,感受原乡的缅怀

1.观看在秭归屈原祠举办的端午祭祀大典视频,深入了解屈原故里宜昌秭归的端午习俗;了解并比较湖南、浙江、福建等地的端午习俗及其差异。

2.观看首届海峡两岸端午诗会视频。

3.观看在屈原故里秭归举办的"长江三峡国际龙舟拉力赛"视频。

活动三:走进屈风楚韵的原乡

实地参观屈原祠,或亲身体验"屈原故里过端午"大型文化活动。

【交流分享】

1.记录屈原祭祀大典和端午龙舟竞赛活动的仪式程序。

2.选择屈原爱国主义精神品质的内涵、价值及其传扬等角度,撰写观后感。

3.从海峡两岸共祭屈原,看两岸文化同根同源,探究如何推动两岸文化交流,促进祖国统一大业,写出发言稿。

第十课
屈原精神　薪火相传

🎗 研究性学习

屈原文化润宜昌

一、屈风楚韵源流长——"屈原故里"秭归

屈原是中国诗歌之祖，屈原文化是中华优秀传统文化中璀璨夺目的明珠，屈骚传统是中国四大传统之一。而屈风楚韵的源头，在屈子诞生地——湖北宜昌秭归乐平里。

秭归，鄂西小城，历史极为久远，它曾是控扼三峡咽喉、雄踞巴楚两地的重镇。古人形容为："通荆襄，达巴蜀，面施黔，背房保，历代争以为上游重镇。论者谓峻岭激滩，重关叠锁，盖上则入蜀之咽喉，而下亦全楚之门户也。"（《归州志·艺文志》）

屈原，约公元前 340 年出生于楚国归乡乐平里，是楚武王熊通之子屈瑕的后代，出身于楚宗室贵族，自幼受家乡山水陶冶，重内美，勤学问，志向远大。在其故乡乐平里，至今还流传着他少时生活和学习的传说，并有照面井和读书洞等遗迹。

秭归早有归乡之名，为何改名叫作秭归？在今天的秭归，一种普遍流传的说法是：屈原遭受流放，中间曾回到家乡一趟。他的姐姐很贤惠，听说弟弟回家，便急忙从外地赶回来劝慰和开导他。此后，归乡便改名叫作秭归——"秭"与"姊"二字本同音互通，"秭归"就是"姊归"。北魏郦道元《水经注》引用了东晋袁崧《宜都山川记》中对此而作的专门记载。

据史料记载，"秭归"之名几经变化。殷商时期，秭归为归国所在地。

西周前期，为"楚子熊绎之始国"。西周春秋前期为夔子国，春秋中期，属楚。战国后期称归乡。秦始皇统一六国后，设置郡县，归乡为南郡所辖。西汉元始二年（公元2）置秭归县。南北朝周建德六年（577）置秭归郡，避郡县同名改秭归县为长宁县。隋开皇三年（583），罢天下诸郡，改长宁为秭归。唐武德二年（619）置归州，天宝元年（742）改置巴东郡，治秭归。乾元元年（758）复置归州。宋代仍名归州，元至元十四年（1277）升为归州路，隶湖广行中书省，十六年（1279）降为州。明洪武九年（1376）废归州为秭归县，隶夷陵州。十年（1377）改秭归为长宁县，十三年（1380）裁长宁县复置归州，辖兴山、巴东二县。清雍正七年（1729）升归州为直隶州，管辖长阳、兴山、巴东、恩施四县及容美、龙潭等19个土司。雍正十三年（1735），归州降为县级州，隶宜昌府。1912年废州为秭归县。中华人民共和国成立后，秭归县先后隶属于湖北省宜昌行政区专员公署、宜都工业区行政公署、宜昌专员公署、宜昌地区革命委员会、宜昌地区行政公署。1992年，宜昌地市合并，成立宜昌市人民政府，秭归县隶属于宜昌市。

千百年来，秭归人民为纪念屈原，形成了独特而持久的端午习俗。在屈原故里秭归，"年小端午大"。在秭归，过端午的热闹程度胜过春节，端午节长达一个月，要过"头端午""大端午""末端午"三个端午节，整个五月都飘满粽子和艾叶的清香，寄托着对屈原的无限追思。

对于秭归来说，屈原文化与端午文化密不可分。每两年在秭归举办一次的"屈原故里端午文化节"，已升格为由文化和旅游部与湖北省人民政府共同主办。文化节期间，海内外知名人士、诗人、屈学专家、端午文化研究学者相聚秭归，纪念屈原，体验端午盛况。

二、屈子足迹遍峡江——绿色之城宜昌

屈原一生为楚国复兴奔走，足迹遍布江水蜿蜒、林深木茂的秀美峡江。两千多年来，人们一直以各种方式来纪念他。唐代归州刺史王茂元，主持兴建了秭归第一座屈原祠，并亲自撰写《楚三闾大夫屈先生祠堂铭并序》，称屈原"秭归人也"，又言"旧宅之址存焉"。北宋邵博《闻见后录》记载："归州屈沱……上有屈原祠、墓。"后因三峡水利枢纽工程兴建，屈原祠迁建至凤凰山景区，建筑面积5800多平方米，成为国内规模最大、展品最丰富全面的纪念屈原的建筑群。

与屈原相关的旅游景点，在宜昌比比皆是。除上述屈原祠、屈原墓外，屈原故里及牌坊、"三闾八景"、独醒亭、屈原塑像等共有20多处。世界闻名的三峡水利枢纽工程，恰建在屈乡风景线的中轴上，不仅为屈子故里锦上添花，也为全国文明城市绿色宜昌点亮了璀璨耀眼的光柱，宜昌也因此成为驰名世界的水利电力之都。

三、"楚辞"浸润领风骚——文化之城宜昌

宜昌是伟大诗人屈原的故里，大美三峡捧出的明珠。一部《离骚》，以其千年不朽的才藻艳逸，浸润着这片瑰奇的诗土。一代又一代文人墨客，如李白、杜甫、白居易、欧阳修、苏轼、陆游等，都曾在这里游历山水，凭江观涛，挥毫泼墨，留下千古绝唱。诗仙李白曾在这里深情高歌，留下"山随平野尽，江入大荒流"的赞叹；诗圣杜甫曾在这里流连吟咏，写下"杖藜登水榭，挥翰宿春天"的华章；白居易携弟友对歌，苏东坡随父兄同游；郭璞注《尔雅》留下洗砚的墨池，陆羽著《茶经》寻到煮茗的清泉；欧阳修更是主政夷陵数载，留下无数诗文和一座"六一书院"。近代，宜昌本土的王永彬、杨守敬等学者享誉华夏。明清时期，秭归骚坛诗社成立并持续开展活动，涌现了一大批农民诗人，流传下来的诗歌作品达一千多首。1982年5月，骚坛诗社恢复成立，号称"中国第一农民诗社"。

20世纪五六十年代，宜昌曾经诞生过一批在全国享有盛誉的诗人，如习久兰、黄声笑、刘不朽、隋景尼等。农民诗人习久兰以《大山里的歌》令文坛瞩目，工人诗人黄声笑以《我是一个搬运工》影响全国。20世纪八九十年代至今，以姚永标、南野、张永久、毛子等为代表的诗人群体崭露头角，他们各具特色，共同书写出一幅新时代的诗歌画卷。

走进宜昌，就是走进诗歌里的城。无论是喧嚣闹市，还是僻静乡间，你总会与诗歌不期而遇。这里既有"宜昌新诗学会""三峡诗词学会"等市级社团，也有屈原故里的"骚坛""天问"等民间诗社，他们把触角延伸到社区、学校、乡村，常年坚持开展活动，撒播诗意的种子，浇培诗歌的花蕾。

千万道目光注视着今日宜昌，她穿越时光隧道，告慰诗祖先贤；她拥抱五湖四海，聚焦梦境家园。2011年，秭归荣膺"中国诗歌之乡"称号，2014年，为表彰宜昌在促进中国诗歌繁荣上作出的突出贡献，中国诗歌学会授予宜昌"中国诗歌之城"称号。可以说，是屈原的浪漫清泉灌溉了宜昌

这片诗意浓郁、文化繁盛的沃土。

请根据上文的导引和启示，按要求完成以下研究性学习任务：

一、李白、杜甫、白居易、欧阳修、苏轼、陆游等人不仅饱受屈风楚韵的浸润，并且游历三峡，驻足宜昌，瞻仰屈子，留下了众多诗篇。请选择其中一人一诗，写出鉴赏文字。

二、以班级为单位，举办端午诗会。可以记录端午盛况、描绘美丽山川，也可以抒发独特感怀；可以写现代诗，也可以写古体诗。

◎ 故事汇

胆照华国树千台

屈原对后世有着极为深远的影响。在漫长的社会历史进程中，无论是气质品格、文学风貌，还是人生境遇，最类屈原者，莫过于西汉著名政治家、文学家贾谊。贾谊也最理解屈原，景仰屈原，最好地学习了屈原，继承了屈原文学遗产，践行了屈原精神。也正因此，司马迁写《史记》时将二人合而为一：《屈原贾生列传》。

年少成名。十八岁时，贾谊因能够背诵诗书和会写文章闻名当地。经过仕宦达人与百姓们的口口相传，贾谊声名远播。河南郡守吴公听说他才学优异，把他召到门下，非常器重他。汉文帝即位不久，听说河南郡守吴公政绩为全国第一，与李斯是同乡，曾经向李斯学习过，于是征召他入京做了廷尉。一个恰当的机会，廷尉向文帝推荐了贾谊。他说：贾谊年纪虽小，但精通诸子百家之学。汉文帝于是下令征召贾谊做博士。

木秀于林。年轻的贾谊在得知自己被文帝征召后，激动不已，从此树立了为国家鞠躬尽瘁、奉献一生的决心。在名士云集的博士群体中，二十一岁的贾谊最年轻。文帝每次下令讨论的话题刚布置下来，贾谊便应答如流。他精辟的见解得到文帝首肯、同侪赞许。文帝非常欣赏他，一年之内就破格提拔他做太中大夫。

政见不俗。贾谊初任太中大夫，就时刻准备着为朝廷出谋献策。汉文帝元年（前179），贾谊上《论定制度兴礼乐疏》，提议进行礼制改革，以儒学与五行学说为基石设计了一整套汉代礼仪制度，主张"改正朔、易服色、制法度、兴礼乐"，以彻底代替秦制。但当时文帝刚即位不久，认为条件还不成熟，没有采纳这项建议。

汉文帝二年（前178），针对当时"背本趋末""淫侈之风，日日以长"的乱象，贾谊上《论积贮疏》，提出重农抑商的对策，主张发展农业生产，加强粮食贮备，预防饥荒。汉文帝采纳了其建议，下令鼓励农业生产。同时，贾谊提出遣送列侯离开京城到自己封地的措施，以进一步强化中央集权。

为人正直，忧国忧民。在贾谊心中，国家利益高于一切。卓异的才能、激进的改革措施，动摇了朝廷既得利益者的根基，从而使他和大多数朝堂势力格格不入。很快，政治风雨如期而至。以左相周勃、太尉灌婴为首的功臣集团联手对贾谊进行打压，力度之大十分罕见。汉文帝四年（前176），贾谊被外放为长沙王太傅。

赍（jī）志而殁（mò）。贾谊谪居长沙三年后，汉文帝想起他，征召其入京，并在未央宫亲自接见了他。但这次回到长安，贾谊并没有被委以重任，仅被任命为梁怀王太傅。汉文帝十二年（前168），贾谊忧愤成疾，英年早逝，年仅三十三岁。

首倡"骚体赋"。贾谊是汉代第一位卓有成就的赋作家，是汉代"骚体赋"的首倡者。"骚体赋"是汉赋的一类，它从"楚辞"发展而成，形式上属于"骚体"，所以称为"骚体赋"。这种赋在内容上侧重于咏物抒情，且多抒发哀怨之情，近于《离骚》的情调。在形式上也与"楚辞"接近，常用带有"兮"字的语句。贾谊的赋体代表作是《吊屈原赋》《鹏鸟赋》。

贾谊的一生虽然短暂，却为中华文化宝库留下了一份珍贵的遗产。毛泽东主席在他的《七律·咏贾谊》中写道：

少年倜傥廊庙才，壮志未酬事堪哀。
胸罗文章兵百万，胆照华国树千台。
雄英无计倾圣主，高节终竟受疑猜。
千古同惜长沙傅，空白汨罗步尘埃。

屈原精神育英才

屈原作品璀璨夺目，屈原精神光照千古，泽被后世，遗响不绝。在屈原的诞生地宜昌，就有不少后辈深受屈原精神的濡养，英才辈出。

"捍卫真理，大义凛然" 的夏明翰

夏明翰，字桂根，祖籍湖南衡山县，1900 年出生于湖北秭归，1917 年，夏明翰违背祖父心愿报考了新式学校。1919 年，接受了新思想的夏明翰在衡阳参加学生爱国运动。1920 年秋天，夏明翰来到长沙，经何叔衡的介绍认识了毛泽东。在毛泽东和何叔衡的指导下，他认识到了马克思主义是最科学的真理，懂得了资本家残酷剥削工人的本质，从此积极投身革命，极力主张农民运动，解救劳苦大众。

1924 年起，他先后担任中共湖南区委组织部长、农民部长和长沙地委书记。1927 年春，他任全国农民协会秘书长兼武汉中央农民运动讲习所秘书。八七会议后，他在湖南积极参加组织秋收起义。1928 年年初，他调任中共湖北省委常委，同年 3 月，因叛徒告密，在汉口被敌人逮捕。

面对敌人的威逼利诱，夏明翰大义凛然地说："为了劳苦工农的解放，为了使我们的后代能过上美满幸福的生活，我们随时准备牺牲自己的生命。" 3 月 20 日，也就是夏明翰被捕的第三天，反动派把夏明翰押上了刑场。夏明翰泰然自若，连声高呼革命口号，接着又高唱起《国际歌》。行刑前，反动派问夏明翰："你还有什么话要说吗？" 夏明翰用带着铁铐的手，奋笔写了一首正气凛然的就义诗："砍头不要紧，只要主义真。杀了夏明翰，还有后来人！" 写完后，大声念了一遍，把笔往地上用力一抛，夏明翰慷慨就义了。他用自己的鲜血和生命，谱写了一曲壮烈的革命之歌。

2009 年，无产阶级革命家、烈士夏明翰被评为 "100 位为新中国成立作出突出贡献的英雄模范人物"。

"纾困解难，救民倒悬" 的胡敌

胡敌，字萃民，1898 出生于宜都市聂家河（今宜都市五眼泉镇拖溪村）。他是宜昌市第一位中共党员，也是宜都市历史上第一任中共党支部书记，是值得后辈仰望的精神丰碑，在他身上充分体现了爱国担当、实干兴邦的革命意志和伟大精神。

以上下求索、实干兴邦的勇毅高擎信仰火种。1913年，胡敌毕业于宜都县高等小学，1916年考入北京法政大学。此间，他积极投入"五四"爱国学生运动，政治思想逐渐成熟。他坚持一面寻求革命真理，接受马列主义思想，一面在工人中传播先进思想，播撒革命火种。1923年7月，他在北京加入了中国共产党，成为宜昌地区第一位高擎共产主义红色旗帜的革命先锋。

1926年8月，胡敌根据上级指示回到宜都县城，秘密发展党员，组织迎接北伐军。9月，组建宜都第一个中共支部——中共宜都支部。从此，胡敌往来于宜都、宜昌、武昌之间，掀起新文化运动，竭力倡导科学与民主，宣传反帝反封建的思想。

"四·一二"反革命政变后，国民革命军叛变革命，大肆逮捕共产党人。胡敌置个人安危于不顾，坚持在家乡开展革命活动。不久，这位革命的组织者和领导者不幸落入敌手，遭到严刑拷打、游街示众，但他宁死不屈，坚持抗争。1928年7月15日被军阀杨森部属杀害，年仅三十岁。1986年5月15日，湖北省人民政府追认胡敌为革命烈士。

岁月峥嵘，旗帜如磐。如今烈士的故乡宜都旧貌换新颜，已成为闻名遐迩的全国百强县。薪火相传，信念不息。百年前，胡敌烈士抛头颅洒热血，为人民谋解放；今天，后继的共产党人牢记初心使命，为人民谋幸福！

志在四方，散财兴学；血沃故土，拯民水火。胡敌烈士，不愧是宜昌革命的"播火者"！

"道路修远，上下求索"的杜镇远

杜镇远，字建勋，是我国继詹天佑之后早期的铁路巨擘。清光绪十五年（1889），杜镇远出生于秭归县屈原镇新滩北岸。他七岁入私塾启蒙，开始了学习生涯。在私塾里，小镇远跟先生读"五经"，读《楚辞》，屈原爱国忧民之心和为了理想求索一生的精神在他心中扎下了根。十三岁那年，杜镇远跟随父亲进入四川，在新式学校接受西方教育，开始关注铁路，立志为改善国家落后的交通状况尽自己的一份力量。1907年6月，十八岁的杜镇远顺利考进四川成都铁路学堂，为了激励自己，他把《离骚》中的诗句"路曼曼其修远兮，吾将上下而求索"写在每本书的扉页。1910年7月，杜镇远进入邮传部唐山路矿学堂，专攻土木工程。1919年，杜镇远被选派到美国信号公司学习信号专科，次年入康乃尔大学，获硕士学位，毕业后任职于美国德黑铁路公司。

"波滔滔兮来迎，鱼鳞鳞兮媵予。"1926年，邀请杜镇远回国的信函远涉重洋传到了他的手中。从小便立志报效国家的杜镇远，毅然放弃优渥的生活，回到了祖国，投身到祖国交通建设的拓荒事业之中，开创了一条中国铁建自力更生的通衢（qú）大道。

1926年，他任北宁铁路京榆总段工程师；1928年任南京建设委员会土木专门委员，同年12月赴浙江省为浙赣铁路考察选线。1929年2月，浙江省决定修建通往江西的杭江铁路，杜镇远任筹备处主任、工程局局长兼总工程师，身先士卒，不辞劳苦。1933年12月，杭江铁路全线贯通。杭江铁路是中国人自行设计、施工建设的第二条铁路，建成之日，声震海内外。抗日战争爆发后，杜镇远正主持建设江南大动脉——浙赣铁路。为了发展后方交通，杜镇远任湘桂铁路局局长兼总工程师，主持抢修湘桂铁路湖南衡阳到广西桂林段，他克服困难，创下每天筑路1千米的当时铁路施工纪录。后来，他又主持修筑滇缅铁路。

自1928年至中华人民共和国成立之初的20余年时间里，杜镇远主持兴修铁路3条，修复铁路1条，新筑公路1条，在铁轨的不断延伸中实现了自己的人生价值，成为继詹天佑之后的中国铁路大师。

中华人民共和国成立后，杜镇远任铁道部顾问工程师、参事室参事。虽年逾花甲，仍孜孜不倦地总结自己的建设经验，提出铁路建设"先通后备，固本简末"的金玉良言，为人民铁路建设留下了宝贵的精神财富。

功成不必在我，功成必定有我。只要能安邦兴民，杜镇远就丝毫不计个人得失成败，无私奉献自己的全部才学，为中华崛起殚精竭虑。杜镇远先生不愧是从屈原故里走出的杰出科学家，中国铁路建设事业的先驱者之一，也是为抗击日寇侵略作出了重大贡献的技术元勋。

❋ 实践活动

"做像屈原一样的人"主题活动

【活动主题】

学屈原，敬屈原，做屈原

【活动内容】

以"学屈原，敬屈原，做屈原"为主题，开展"做像屈原一样的人"班会活动，从而内化于心，外化于行。开展"民俗文化与地方经济发展"专题研究性学习活动，学习屈原的求索创新精神，培养社会责任感。

活动一：开展"屈原其人"专题研究性学习活动

按"深固难徙的爱国情怀、哀民多艰的民本思想、上下求索的实干精神、洁身自好的清白节操"等进行梳理对标，做成"屈原其人"系列展牌。

活动二：开展"屈原精神耀千秋"读书活动

要求每一位同学在把握屈原精神实质的前提下，选读一位具有屈原精神的宜昌籍名人传记，撰写读书笔记。

活动三：开展"民俗文化与地方经济发展"专题研究性学习活动

通过举办讲座、实地调研、研读地方政府工作报告、撰写论文、"模拟政协"等活动形式，引导学生关注地方经济建设和文化建设话题，培养学生的社会责任感。

【交流分享】

1. 开展"我所领会的屈原精神"主题班会，阐述自己对屈原精神的独特理解，并结合时代阐发自己获得的人生启示。

2. 编辑班级《"屈原精神耀千秋"读书会》文集。

3. 聘请专业人士，在年级举办"民俗文化与地方经济发展"讲座。

参考文献

［1］司马迁.史记[M].北京:中华书局,1959.

［2］刘勰.文心雕龙[M].上海:上海古籍出版社,2015.

［3］王逸.楚辞章句[M].上海:上海古籍出版社,2017.

［4］刘熙载.艺概[M].上海:上海古籍出版社,1978.

［5］夏征农.辞海:1999年版缩印本[M].上海:上海辞书出版社,2000.

［6］白寿彝,等.中国通史[M].上海:上海人民出版社,2004.

［7］刘大杰.中国文学发展史[M].上海:上海古籍出版社,1982.

［8］游国恩.中国文学史:一[M].北京:人民文学出版社,1963.

［9］黄寿祺,梅桐生.楚辞全译[M].贵阳:贵州人民出版社,1984.

［10］袁行霈.中国文学史:第三卷[M].北京:高等教育出版社,1999.

［11］蔡守湘.先秦文学史[M].武汉:武汉大学出版社,1992.

［12］朱东润.中国历代文学作品选[M].上海:上海古籍出版社,1979.

［13］洪兴祖.楚辞补注[M].北京:中华书局,2015.

［14］朱熹.楚辞集注[M].上海:上海古籍出版社,1979.

［15］王夫之.楚辞通释[M].北京:中华书局,1959.

［16］蒋骥.山带阁注楚辞[M].北京:中华书局,1958.

［17］戴震.屈原赋注[M].北京:商务印书馆,1930.

［18］王闿运.楚辞释[M].长沙:岳麓书社,2013.

［19］闻一多.楚辞校补[M].成都:巴蜀书社,2002.

［20］郭沫若.屈原赋今译[M].上海:上海书店出版社,2003.

［21］金开诚.楚辞选注[M].北京:北京出版社,1985.

［22］姜亮夫.屈原赋今译[M].昆明:云南人民出版社,1999.

［23］马茂元 . 楚辞选 [M]. 北京：人民文学出版社，1980.

［24］瞿蜕园 . 楚辞今读 [M]. 上海：春明出版社，1956.

［25］徐志啸 . 诗经楚辞选评 [M]. 上海：上海古籍出版社，2002.

［26］陆侃如 . 楚辞选：新 1 版 [M]. 北京：中华书局，1962.

［27］陆侃如 . 文心雕龙译注 [M]. 济南：齐鲁书社，1982.

［28］陆侃如 . 楚辞选译 [M]. 上海：上海古籍出版社，1981.

［29］陆侃如 . 楚辞选译：中国古典文学作品选读 [M]. 上海：上海古籍出版
社，1981.

［30］聂石樵 . 屈原论稿 [M]. 北京：人民文学出版社，1982.

［31］李泽厚 . 美的历程：插图珍藏本 [M]. 桂林：广西师范大学出版社，2001.

［32］李泽厚，刘纲纪 . 中国美学史 [M]. 合肥：安徽文艺出版社，1999.

［33］吴海林，李延沛 . 中国历史人物辞典 [J]. 哈尔滨：黑龙江人民出版社，
1983.

［34］北京大学中国文学史教研室 . 先秦文学史参考资料 [M]. 北京：中华书局，
1962.

［35］陈子展 . 楚辞直解 [M]. 南京：江苏古籍出版社，1988.

［36］姜亮夫 . 先秦诗鉴赏辞典 [M]. 上海：上海辞书出版社，1998.

［37］陈远，于首奎，梅良模，等 . 世界百科名著大辞典：文学艺术 [M]. 济
南：山东教育出版社，1992.

［38］金开诚，董洪利，高路明 . 屈原集校注 [M]. 北京：中华书局，1996.

［39］徐焕龙 . 屈辞洗髓 [M]. 南京：南京大学出版社，2018.

［40］《中国大百科全书》总委员会 . 中国大百科全书：中国文学 [M]. 北京：
中国大百科全书出版社，1992.

［41］中国科学院文学研究所中国文学史编写组 . 中国文学史 [J]. 北京：人民
文学出版社，1962.

［42］何光岳 . 楚源流史 [M]. 长沙：湖南人民出版社，1988.

［43］袁珂 . 中国神话传说词典 [M]. 上海：上海辞书出版社，1985.

［44］崔富章，周建忠，汤漳平 . 楚辞学通典 [M]. 武汉：湖北教育出版社，
2003.

［45］毛庆 . 屈原与中华文化和民族精神 [M]. 成都：四川大学出版社，2008.

参考文献

［46］钱树棠.九歌析论 [M].北京：中国大百科全书出版社，2013.

［47］叶嘉莹.古诗词课 [M].北京：生活·读书·新知三联书店，2018.

［48］王建强.世界文化名人屈原 [M].武汉：湖北辞书出版社，2001.

［49］周凌云.中国民间故事大全·湖北·秭归卷 [M].北京：知识产权出版社，
2007.

［50］曹尧德.屈子传 [M].石家庄：花山文艺出版社，1996.

［51］彭红卫.屈原的文化人格研究 [M].武汉：华中师范大学出版社，2007.

［52］汪瑗.楚辞集解 [M].上海：上海古籍出版社，2017.

屈风楚韵在原乡（三）